Vila Madalena

· PAULICÉIA ·

Coordenação Emir Sader
Conselho editorial Gilberto Maringoni
Ivana Jinkings
Nelson Schapochnik
Vladimir Sacchetta

A imagem de São Paulo se modifica conforme as lentes que utilizamos. O sonhado e o real, o desejado e o rejeitado, o vivido e o simbolizado, o cantado e o pintado, o desvairado e o cotidiano – múltiplas facetas de uma cidade-país – serão retratados nesta coleção. São quatro séries, que buscam montar um painel das infinitas visões paulistas: Retrato (perfis de personalidades que nasceram, viveram ou eternizaram suas obras em São Paulo), Memória (eventos políticos, sociais e culturais que tiveram importância no Estado ou na capital), Letras (resgate de obras – sobretudo de ficção – de temática paulista, há muito esgotadas ou nunca publicadas em livro) e Trilhas (histórias dos bairros ou de regiões do Estado).

Para tanto, foram selecionados autores, fenômenos e espaços que permitam a nosso olhar atravessar o extenso caleidoscópio humano desta terra e tentar compreender, em sua rica diversidade e em toda sua teia de contradições, os mil tons e subtons da Paulicéia.

Enio Squeff

Vila Madalena
crônica histórica e sentimental

EDITORIAL

© 2002, Enio Squeff
© 2002 desta edição, Boitempo Editorial

·PAULICÉIA·

VILA MADALENA
crônica histórica e sentimental

Coordenação editorial	Ivana Jinkings
Assistente	Sandra Brazil
Coordenação de produção	Marcel Iha
Preparação	Gilberto Maringoni
Pesquisa	Danilo Cerqueira César
Revisão	Alice Kobayashi
	Maurício Balthazar Leal
Capa	Andrei Polessi
	sobre foto de Andrei Polessi
Projeto gráfico	Antonio Kehl
Diagramação	Gapp design
Tratamento de imagens	Antonio Kehl
	Renata Alcides
Fotolitos	OESP
Impressão	Assahi

ISBN 85-7559-019-7

Esta edição contou com o apoio da Nova Mercante de Papéis Ltda.
Nenhuma parte deste livro pode ser utilizada ou reproduzida
sem a expressa autorização da editora.

1ª edição: dezembro de 2002
1ª reimpressão: maio de 2003
2ª reimpressão: outubro de 2004

Todos os direitos reservados à:
BOITEMPO EDITORIAL
Jinkings Editores Associados Ltda.
Rua Euclides de Andrade, 27
Perdizes 05030-030 São Paulo SP
tel./fax 11 3872-6869 3875-7250
e-mail editora@boitempo.com
site www.boitempo.com

Sumário

Preâmbulo 13

A Vila Madalena nos tempos (nem tão antigos assim) em que não havia vilões; e de como as moças que chegaram com os barbudos não estavam nem aí para os nativos da Vila 15

No começo era uma aldeia de índios fundada por jesuítas, que, por sua vez, foram substituídos à força pelos beneditinos e em que se conta uma briga da qual nem Nossa Senhora foi poupada 23

Sobre o que é que a Vila Madalena tem que as outras vilas não têm; ou sobre como a gente aprende a gostar também da Vila Maria 37

No início era o Sujinho, que, a rigor, nunca foi sujinho, embora seja até hoje apenas e tão-somente o Sujinho 47

Sobre a origem das palavras e do que elas dizem sem querer dizer muita coisa; ou como a Vila Madalena deu uma parada exemplar em São Paulo 57

Sobre os que chegam com a noite e que, apesar das barbas e dos cabelos crescidos, não assustam ninguém — nem os tementes a Deus 73

Um interregno lítero-musical: o bloco Sacudavila
ou Saco da Vila ou antes uma pergunta: "Que porra
é essa?" 81

Sobre os comedores de criancinhas, mas também
de moças e — por que não? — de maconha,
de bolinhos de arroz etc. etc. 91

Ímpares empanadas 101

De como Ana que saiu do frio encontrou o Rio na Vila
Madalena; e de onde o Carlito teve a sua resposta
no José Luís Pena 113

No bar do Gérson e de como o Jonas não soube rezar a
Ave-Maria na hora de nossa morte, amém 123

De como a sentença de Jorge Luis Borges de que
quem acredita em casualidade não sabe das leis da
causalidade tem a ver com a Vila Madalena; e de
como a Vila passou a ter o gosto de empanadas
argentinas 135

Em que se conta, à moda de cinema, de como o poder
e a glória chegam à Vila Madalena; ou de como uma
história triste à beça fornece o estro para o
"Que porra é essa?" 147

De como a Vila já não é mais aquela por obra e graça
dos encantos dela 157

Em que se conta sobre as noites de São João na Vila
Madalena e sobre as vicissitudes dos que pouco
sabem da arte de servir bebidas quentes; ou de
como a arte e os artistas pouco acrescentam à arte
de servir em quermesses e o resto imaginável 165

De como a censura da ditadura tudo fez para que a imprensa alternativa não desse certo e de como a imprensa alternativa deu certo na Vila Madalena 173

Em que não se conta a história da música da Vila Madalena, mas em que se informa que essa Vila fez samba também, e muito mais 183

Sobre a beleza que não põe a mesa, mas que é fundamental; ou porque São Paulo é mais parecido com o Brasil do que o Rio de Janeiro; ou porque o homem cordial não existe apenas na Vila Madalena ... 193

"(...) O arrabalde era considerado, com alguma justiça, uma colônia artística, embora jamais tivesse, de maneira definida, produzido qualquer arte. No entanto, embora as suas pretensões de ser um centro intelectual fossem um tanto vagas, as suas pretensões de ser um lugar agradável eram incontestáveis."

G.K. Chesterton, *O homem que era quinta-feira*, trad. David Jardim Júnior.

Créditos das fotos

Acervo bar Genésio: p. 105, 106-107, 108, 109a
Acervo Enio Squeff: p. 109b
Acervo bar Empanadas: p. 110, 111b
Ênio Brauns: p. 111a
Antonio Kehl: p. 112

Não foi possível identificar a autoria de algumas das fotos publicadas neste livro, cedidas pelo autor ou pelos proprietários dos bares Empanadas e Genésio. Localizados os fotógrafos, a editora se dispõe a creditá-los imediatamente na próxima edição.

Preâmbulo

Quando a Ivana Jinkings, da Boitempo, me pediu que escrevesse sobre a Vila Madalena, senti-me intimidado. Como um dos pintores da Vila, ou melhor, como um dos que moram e trabalharam na Vila, eu não me sentia autorizado senão a opinar pontualmente sobre ela; a importância da Vila, por mais que alguns basbaques fascinados pelos bairros imperiais de Nova York ou Paris a desconsiderem, ou não a relevem por sua importância para São Paulo, exigiria um historiador, um crítico além do impressionismo ou, máxime, um jornalista atilado para seu mister – não um pintor tardio. Fui, contudo, convencido a fazer o trabalho; convencido e vencido.

Seria desnecessário dizer que não faço história, que não inventei mais do que a ficção que algumas memórias me induziram para que eu acrescentasse um ponto ao conto; e que com isso, enfim, levanto o escudo às possíveis críticas. É inegavelmente isso mesmo: espero que não me acusem muito por não ter dito o suficiente. Daí, aliás, a expressão "crônica". Alguém dirá que o conceito não dispensa o rigor que lhe emprestou o quinhentista português Fernão Lopes. É uma boa lembrança. Mas não vem ao caso. O que fiz, na verdade, foi alinhavar memórias, histórias e impressões, das quais, diga-se, eu também me nutri.

Certamente, com isso, não pretendo explicar as graves lacunas que existirão neste trabalho. Ao involuntário de não as ter preenchidos, aduzo, sem falsa modéstia, minha incompetência. Ao reconhecê-las, porém, não posso deixar de assinalar que isso não diminui a importância cultural da Vila Madalena de modo algum. Assim como não elide a relevância dos que me auxiliam, entre os quais, por sua primeira leitura, a Rejane, minha companheira, o Javan Ferreira Alves, prefeito *honoris causa* da Vila Madalena, a Sandra Gomes, minha secretária, a Maristela Pichini Pacini, minha colega, a Juliana Baptista Satto, futura publicitária, o Laerte Pedrosa, amigo de sempre, a Ronie Prado, minha assistente no ateliê, e, por fim, mas não por menos importância, o Pedro Marceneiro, a quem devo sobretudo as lições de Vila que ele ministrou ao longo dos anos em que convivemos juntos. Sobrariam os de sempre, mencionados neste livro. Não é apenas por terem colaborado com seus depoimentos que eu lhes sou grato, já que são principalmente meus amigos.

A Vila Madalena nos tempos (nem tão antigos assim) em que não havia vilões; e de como as moças que chegaram com os barbudos não estavam nem aí para os nativos da Vila

Antônio Ferreira Apolônica não representa a idade que tem. Aos 46 anos ainda ostenta o sorriso franco de quando jogava futebol com a sua turma – algo em torno de vinte ou mais garotos que ocupavam a rua Mourato Coelho – em peladas que tanto podiam se estender ao que é hoje a região dos prédios do Banco Nacional da Habitação-BNH, quanto ao que são as ruas adjacentes. Em seu tempo, lá pela década de 1960, não havia o Banco Nacional da Habitação-BNH, não havia as ruas adjacentes – eram pequenas casas, com um quintal atrás onde se plantavam hortaliças, frutas e nas quais se criavam principalmente galinhas. Até a rua mais famosa da Vila Madalena, a Mourato Coelho, na altura da rua Wisard, estreitava-se numa estrada de chão batido. A rua Delfina começava na esquina da Wisard, atravessava chácaras, indo se acabar numa quase picada – a atual Natingui.

Antônio olha para os prédios, a Mourato Coelho atulhada de carros, as buzinas se sobrepondo à fala dos que estão sentados no bar, quase na calçada. Por alguns instantes, o passado é a seqüência de um filme em preto-e-branco. Ao atendente que pergunta ao adolescente onde mora, Antônio titubeia. Vai dizer "Vila Madalena" — mas o homem não saberá do que está falando. Nem adivinha que ainda ontem os jornais mal chegavam à Vila; e que lá na longínqua região em que o que predominam são propriedades de dez metros por 35 — típicas de uma zona quase rural de São Paulo — o arvoredo abundante não anima a que ninguém alongue o seu olhar ou a sua curiosidade para além dos descampados que se avistam da Teodoro Sampaio. O que se conhece no resto da cidade é a região de Pinheiros. Antes que o homem descubra que ele mora no humilhante subdistrito de Vila Madalena, do bairro de Pinheiros, ele encurta a resposta e diz que mora em Pinheiros mesmo.

A Vila Madalena era uma área quase remota. Separada da região chique do Alto de Pinheiros pela rua Morás (Moraes, Morás, ou Moras?, nem os mais antigos moradores da Vila sabem direito), de um lado, a Teodoro Sampaio, de outro, e a Pedroso de Moraes, que por sua vez chegava até a Natingui, a única rua que tinha uma certa importância, afora a Fradique Coutinho — por onde inflectiam o fim dos trilhos do bonde — por ser mais ou menos urbanizada, era a Mourato Coelho. Havia uma espécie de cordão sanitário entre a região que a Companhia City organizou, abrindo ruas, construindo casas, e as terras que se alongavam para além da Morás; e que a mesma Companhia praticamente foi repassando a preços baixos a muitos de seus ex-funcionários, pequenos artesãos, quase todos de origem portuguesa (como os Lourenço e os Apolônia), aos quais se juntaram alguns italianos (como os D'Ângelo), os espanhóis ou mesmo a algumas famílias judias (como os Goldschmidt os Opennheim). Quase não havia negros, que formavam uma comunidade à parte, um pouco adiante, na continuação da rua Delfina que, por sua vez, formavam a Vila Beatriz. No mais, eram as chácaras.

Jogava-se futebol na rua Mourato Coelho. E, muito antes que Antônio se desse por gente, as ruas que formavam o que hoje são os nomes até poéticos das vias que cruzavam a Vila, como a Laboriosa (por ser de operários?), a Harmonia, a Simpatia, a Rodésia e a Jericó, não eram ruas; eram alamedas entre chácaras. Galinhas, porcos, até coelhos faziam parte da cultura de subsistência da Vila. Nada de trânsito, até ali, praticamente inexistente, nada de bares. Era uma vida tão pacata, tão rural, que para lá da Delfina, na confluência da Natingui – isso num tempo em que Antônio ainda nem era nascido –, havia, além dos quintais, com suas hortas, uma espécie de ameaça de mato, uma existência fantasmagórica lembrada com certa delícia pelos mais velhos.

Algumas lembranças ainda assustam.

A meia lua pode estar no alto, a lua cheia talvez se derrame pelos campos e matas ou então é a noite espessa que se fecha ao olhar assustado do transeunte desavisado. Não importa, nada importa: entre dois altos pinheiros que ladeiam a ainda hoje estreiteza da rua Natingui, há sempre o bicho em forma de gente e de animal: o lobisomem. Por isso mesmo, à noite, antes de Antônio, por aqueles tempos, na Vila, ninguém se aventurava para muito além da Delfina.

Nem tudo, porém, são sustos ou ameaças não tão veladas. Quando um dos portugueses construiu o que é ainda hoje o prédio de dois andares que faz a padaria da confluência da Mourato com a Wisard, a Vila Madalena, de repente, assumiria sua primeira notoriedade: começou a ser avistada desde o largo de Pinheiros. Em meio ao arvoredo, avista-se a casa com seu sobrado – o único daquela altura que a Vila tinha.

Sua construção obrigou a que o relativo isolamento do Alto de Pinheiros se tornasse visível. E de uma forma inusitada. Como não se lograva fazer atravessar as carroças pelos buracos e valas de esgoto que separavam a Mourato da Morás, o proprietário da casa em construção, por sua conta e risco, começou a aterrar a área. Era, porém, tapar os buracos para dar passagem aos caminhões e às carroças, logo vinha a prefeitura e os abria. Até que a administração municipal desistiu e ampliou o acesso que o proprietário da construção tanto queria.

Foi assim que a Mourato Coelho chegou até a Morás.

Mas a maior surpresa viria depois: não se sabe bem de onde nem quando precisamente, mas certamente atraídos pelos aluguéis baixos, um dia, mas sobretudo à noite, como que emigrados de um país distante, sobrevieram os barbudos e as moças com cabelos compridos e batas transparentes. Começava uma outra história na história da Vila Madalena.

Como insistem os moradores mais antigos, iniciava-se o ciclo dos *hippies*, pois foi assim que os moradores passaram a denominá-los. Deles se sabia, remotamente, que constituíam mais que uma moda importada dos Estados Unidos. A Guerra no Vietnã começava a ser vencida pelo país paupérrimo do sudeste asiático. Em meio às reações que a guerra suscitava entre os norte-americanos, com muitos jovens se recusando ao alistamento militar compulsório, grupos de contestadores alteravam radicalmente o figurino até então vigente em praticamente todo o mundo ocidental: em vez dos cabelos curtos, ditados pela disciplina militar, surgiam os cabeludos e barbudos; à sisudez e à contenção de um país em guerra, e a todo um elenco, em suma, de costumes austeros advindos da Segunda Guerra Mundial e da Guerra da Coréia (todas, como sempre, devidamente partilhadas pelos Estados Unidos), parte da juventude contrapunha roupas coloridas, sexo livre e, num comportamento decididamente contrário às leis e aos costumes, pregava-se o fim de tudo o que fosse considerado tabu.

Para muitos, era o triunfo de Freud. Tudo era permitido; desde que fosse para a felicidade geral da nação e o prazer individual de qualquer um. A própria idéia de nação hegemônica — que supunha os valores da sociedade norte-americana, difundida como originária diretamente da vontade de Deus — era contestada: se os vietnamitas queriam se constituir em país, eles que o construíssem livremente, como bem entendessem. Quanto ao mais: por que não as drogas se esse fosse o limite da felicidade? A isso juntavam-se os apelos à paz: não apenas entre norte-americanos e vietnamitas, mas entre todos com todo o mundo. "Paz e Amor", dizia-se. Mas, enquanto a paz não chegava na prática, por que não praticar o amor? E os sujeitos que, supostamente, traziam a mensagem de paz também para o Brasil começaram aos poucos se juntar; mas não propriamente em função de guerras, e sim em torno de músicas, de pinturas e até em torno do cinema.

Na verdade foram eles que deram origem à Vila como ela seria mais tarde; a Vila, dizem seus mais antigos moradores – nunca convencidos das versões dos próprios barbudos –, nasceu, sem a menor dúvida, com a chegada dos *hippies*. Foram eles que começaram a se juntar em torno do bar Sujinho.

Vivia-se, então, o fim dos anos 1970. O que surpreende é que, ao contrário do que aconteceria mesmo nos Estados Unidos, de onde viera a moda, com o estranho das roupas e dos vestidos, os *hippies* não assustaram os pacatos e ordeiros moradores da Vila.

Como explicá-lo?

Para os nativos mais antigos, ainda hoje é difícil uma única explicação. Eles vinham com seus cabelos compridos, arranchavam-se nos balcões, bebiam. Alguns fumavam maconha – mas, até onde as lembranças dos nativos da Vila alcançam, eram todos pacíficos. Não se viam brigas entre eles. Só uma coisa era incômoda para os jovens descendentes de portugueses, para os nativos da Vila Madalena, como Antônio: as meninas tidas como *hippies* mal lhes dirigiam o olhar. Orgulho não era – já que suas roupas animavam muito pouco por uma arrogância material. Talvez, quem sabe, fosse a arrogância das vanguardas: por se julgarem à frente de tudo o que consideravam um atraso, nada lhes sustinha o olhar sobranceiro, o jeitão despachado, a indiferença ao sistema e, por extensão, um quase desprezo pela rapaziada da Vila.

Antônio se lembra de que uma delas era, digamos, com todas as letras, ou melhor, com a mais definidora delas, "simplesmente linda". Vem daí que um dia... Pois é, houve um dia em que, ao contrário das outras garotas que acompanhavam os barbudos e que se reuniam no Sujinho, a moça não apenas encarou o jovem bem-comportado, o estudante de cabelo curto, cuidadosamente penteado — a antítese de seus companheiros malvestidos. Ao seu olhar e seu interesse, para a sua surpresa, até topou conversar com Antônio. O que houve depois são boas lembranças, ainda que saudosas. Foi por "sugestão dela" — Antônio faz questão de acentuar — que um dia saíram e passaram uma noite juntos. Tudo poderia, enfim, ter se transformado numa típica história de amor do início da Vila Madalena, com os condimentos necessários — o menino bem-educado, criado no mais estrito conservadorismo tendo uma tórrida relação com uma moça contestadora, uma *hippie* dos anos 1970. Mas depois daquela noite Antônio nunca mais a viu. A moça, simplesmente linda, simplesmente desapareceu; seus amigos, porém, os *hippies*, estes ficaram.

Nascia a outra Vila Madalena ou, se quiserem, aquela que ainda hoje existe.

No começo era uma aldeia de índios
fundada por jesuítas, que, por sua vez,
foram substituídos à força pelos beneditinos
e em que se conta uma briga da qual nem
Nossa Senhora foi poupada

Se a história de índios belicosos, de pontes que caem, de escravos fugidos que se transformam em bandidos (como se tivessem opção), ou ainda de bandeirantes e padres que brigam entre si e uns contra os outros, se personagens e episódios do tipo são bons ingredientes para romances – o possível ou o futuro ficcionista da Vila Madalena terá pela frente um repertório inesgotável, não na história do Brasil ou na de São Paulo, mas na história do bairro de Pinheiros, onde se situa a Vila Madalena. Vem daí que para quem quer que se depare com nomes de ruas da Vila, como a Mourato Coelho, a Fradique Coutinho ou a Inácio Pereira da Rocha – saiba-se que não foram cidadãos anódinos, bons pais de família ou corretos homens de negócios, mas apenas e tão-somente lugar-tenentes de chefes bandeirantes; vale dizer, senhores de parco fino trato, muito pouca civilidade e nenhuma consideração pelos índios – que eles procuravam escravizar. A se crer na obra *O bairro de Pinheiros*, de Antonio Barreto do Amaral, nos tempos em que ainda não era um arrabalde a Vila Madalena fazia parte de uma região inóspita, perigosa, não recomendável, em suma, para quem não tivesse pressa de visitar o Todo-poderoso em idade ainda precoce.

A tese do senhor Antonio Barreto do Amaral (que lhe valeu um prêmio da Secretaria de Cultura do Estado) é que o bairro de Pinheiros é o mais antigo de São Paulo. Ou seja, tirante o Pátio do Colégio, onde os jesuítas se instalaram com seus índios — para fugir ao assédio não só dos índios do litoral, mas sobretudo dos colonos brancos que queriam os gentios devidamente acorrentados mourejando em suas lavouras, Pinheiros (ou espinheiros, como se queira) constituía uma região longínqua, tão remota que os padres se viram compelidos a organizá-la com outras aldeias, a partir de 1560. Numa época em que Michelangelo, Leonardo da Vinci, Cellini, Galilei, Monteverdi, Palestrina e outros perambulavam pelas ruas de Florença, a discutir as excelências das idéias de Platão, na atual Vila Madalena cuidava-se que os senhores Mourato Coelho ou Fradique Coutinho poupassem a indiada que era protegida pelos jesuítas.

É uma história previsível: se a Câmara de São Paulo de Piratininga proibia contatos com os índios "em razão de alguns desaguisados que lá fazem" (que, traduzindo, pode ser lido como "as possíveis bagunças produzidas por eventuais intrusos"), era porque as relações entre índios e brancos estavam longe de ser pacíficas.

Entre os próprios índios, porém, as coisas não deviam ser paradisíacas. Em 1580, por exemplo, o bandeirante Fernão Dias — um dos prováveis desaguisadores por seu poderio como chefe militar, mas principalmente como proprietário do que incluía também o bairro de Pinheiros — reunia-se com seus iguais para combater índios que tinham se juntado para atacar tanto a Aldeia dos Pinheiros como outras regiões. No documento exposto pelo historiador Antonio Barreto do Amaral, lê-se a notícia de que os índios "Queimaram igrejas e quebraram a imagem de Nossa Senhora do Rosário dos Pinheiros". Conclusão:

além de sérias tropelias, em Pinheiros havia uma igreja, havia uma padroeira, provavelmente esculpida em madeira, e havia, principalmente, já algumas fazendas de brancos. Era contra elas que os índios de repente investiam, saindo sabe-se lá de que pontos das matas, ou escalando, de repente, as margens do Pinheiros, de onde certamente muitos proviriam para as surtidas em terra. Nada da placidez da Vila Madalena dos dias ensolarados da feira livre, na hoje rua Mourato Coelho, mas uma mata inóspita – certamente, belíssima também – de onde as ameaças podem surgir a qualquer momento, tanto sob a forma de flechas e tacapes quanto sob o fumo pesado de arcabuzes e clavinotes.

Não se tem o que se deu com os tais gentios que, temerariamente, invadiam fazendas, não as sabendo propriedades justamente de predadores de índios (ou talvez o sabendo e, por isso mesmo, atacando). Fernão Dias – antes de ser rua e colégio, o tal que passou à história como "Caçador de Esmeraldas" – tinha a auxiliá-lo seu genro, Borba Gato, que, igualmente, antes de ser uma rua de Pinheiros e estátua em Santo Amaro (mais conhecida, popularmente, como "chega pra lá"), fazia parte da malta de homens ferozes e mateiros que sabiam se valer dos conhecimentos de seus próprios índios escravos ou aliados para perseguir e matar outros quaisquer nativos que os incomodassem. Devem, previsivelmente, ter agido com a presteza e a crueldade habituais. Ignora-se o que fizeram – pelo menos a história até agora não informa muito. Mas em 1657 a Aldeia dos Pinheiros, praticamente abandonada, faz uma petição assustada à Câmara da Vila de São Paulo, para que a livrasse de um tal de Francisco César de Miranda (que, felizmente, até informação em contrário, não se transformou em rua nem na Vila, nem no Bairro de Pinheiros), que devia cumular de maus-tratos os índios, os quais, em teoria, ele teria que proteger. A conclusão da história toda parece ser a de sempre: não podendo contar com a mão-de-obra escrava provinda da África, uma boa parte dos moradores da Vila de São Paulo acabou se valendo dos índios, que lhes estavam mais à mão (ou melhor, ao alcance das espadas e da mira das suas garruchas).

Para se ter uma idéia: quando foi constituída, a Aldeia dos Pinheiros, juntamente com a de São Miguel, contava com aproximadamente mil índios. Pouco mais de um século depois, Pinheiros tinha apenas dezesseis indivíduos. Inúteis muitas conjeturas a respeito da história de Pinheiros ou, antes, da aldeia e, mais tarde, do bairro. Elas seguirão o ramerrão conhecido; aos índios que a povoavam seguem-se os brancos e, por fim, quando os negros escravizados sobem o Planalto de Piratininga para serem agregados às lavouras, já os gentios tinham sido dizimados; ou, perseguidos, enfurnaram-se sertão adentro. Em todo caso, em 1765, o já então "bairro de Pinheiros", como diz Antônio Barreto do Amaral, contava com uma população de 21 homens, 24 mulheres entre adultos e menores, todos residentes em "10 fogos", que era como os portugueses registravam a existência de casas em aldeias ou vilas.

Saint Hillaire, que no começo do século XIX percorreu os quatro cantos do Brasil, ao chegar em Pinheiros em 1821 condescendia ser "muito verossímil" que não existisse na aldeia "um único descendente dos guaianases: a população dessa aldeia foi várias vezes renovada e algumas vezes foi aniquilada" (sic).

Qual a participação da Vila Madalena nisso tudo? Como parte do bairro de Pinheiros, a futura "Vila dos Artistas" (faz de conta que isso exista) seria um reduto a mais, sem qualquer identidade. Mas no século XVIII já há uma menção à Vila. Se foi a santa que deu seu nome à Vila ou se foi alguém – uma Madalena que teria na santa a sua padroeira –, isso talvez uma pesquisa mais acurada revele.

Difícil distinguir entre os topônimos de santos o que é o que na genealogia dos nomes de certos lugares. Entre os bandeirantes e índios, porém, Pinheiros sempre teve algumas querelas com os santos. Uma delas é especialmente notável.

Quando, em 11 de dezembro de 1799, Nossa Senhora do Monte Serrate dos Pinheiros foi elevada a freguesia, já a questão do nome da igreja de Pinheiros tinha se transformado numa espécie de disputa: qual das Nossas Senhoras deveria dar nome à paróquia – como tinha sido primitivamente, Nossa Senhora dos Pinheiros, que era, na verdade, Nossa Senhora da Conceição; ou Nossa Senhora do Monte Serrate – que foi o nome que sobreviveu? Aparentemente, uma disputa ociosa; mas ela refletia o quanto os jesuítas andavam bem com os índios e mal com a população do Planalto, onde se situava a Vila de São Paulo.

A questão remontava à Europa de então e, por mais estranho que pareça, é em Pinheiros – e, por extensão, na Vila Madalena – que as coisas também irão repercutir. Assim, quando, a Companhia de Jesus, em 1630, logrou que o papa Urbano VIII lhe concedesse a guarda dos índios na América, o fato significava um triunfo para a Ordem. De um lado, impunha ao poder temporal, isto é, aos reis e aos outros contingentes da Igreja católica, uma autoridade que os jesuítas sempre almejaram. Tinha-se, na Europa, que a Companhia de Jesus estava montando Estados teocráticos em toda a América Latina. Se era ou não verdade, pouco importava, pelo menos para o futuro bairro da Vila Madalena. No Sul, sabia-se de vilas com um poderio crescente e que formavam os Sete Povos das Missões. Em São Paulo não havia Povos ou Vilas, mas grandes concentrações humanas – de que as aldeias de Pinheiros e de São Miguel eram bons exemplos. Para São Paulo, em todo caso, a bula do Papa assumia um significado especial: ela indicava que os nativos do Planalto não ficariam mais à mercê dos brancos e de suas lavouras. Aparentemente, um bom augúrio para os índios, que constituíam a grande parte da população de Pinheiros – aparentemente, só aparentemente. O pior ainda estava por acontecer.

A bula papal levou quase dez anos para chegar a São Paulo. No dia em que isso aconteceu, porém, uma parte dos colonos se amotinou. Desde que aceitassem pacificamente o edito papal, fazendas e fazendeiros teriam de conceder aos padres da Companhia de Jesus o mando sobre sua mão-de-obra escrava. Nada de estranho que os pinheirenses (e, quem sabe, já alguns vilamadalenenses), entre outros moradores do futuro bairro, acabassem na pior com a expulsão dos jesuítas. Tratava-se, na verdade, de uma ofensiva antijesuítica mais ou menos programada, principalmente pelos senhores de grandes extensões de terras, onde não se contavam poucos membros do Estado português e que viam nos jesuítas um poder rival que se opunha à escravização dos índios.

Consumada a expulsão, contudo, restava uma questão crucial para certos paroquianos e que Antônio Barreto do Amaral registra: vivia-se um tempo em que a religião preenchia quase todas as horas do dia de um fiel. Imaginem-se as beatas ou até os homens mais devotos questionando os líderes da revolta contra a Companhia – quem lhes tomaria as confissões, quem lhes faria os batizados ou ministraria os últimos sacramentos? Urgia que se encontrassem padres que preenchessem essas e outras necessidades. Foi quando entraram os beneditinos na história.

Os beneditinos já tinham desembarcado no Brasil alguns anos antes. Ao contrário dos jesuítas, que nasceram sob o lema do combate contra os protestantes, e que se alastraram pelo Novo Mundo, tendo em vista a unificação dos gentios sob a égide da fé católica, os beneditinos, educadores também, tinham menos pretensões temporais e mais disposição para a negociação. Nada de estranho que fosse a eles que as autoridades recorressem para substituir os padres da Companhia de Jesus. Foi assim que Pinheiros e os índios passaram a ter novos diretores espirituais. Mas, como se tratasse de ordem religiosa, logo se impunha também a preferência por uma outra Nossa Senhora. Explica-se, enfim, que a capela de Pinheiros acabasse renomeada, de Nossa Senhora da Conceição para Nossa Senhora do Monte Serrate, que é a padroeira que ainda hoje existe na igreja do bairro.

É claro que as coisas não foram tão pacíficas. Ainda que as autoridades insistissem em que a mãe de Cristo fosse só uma, havia a devoção tradicional à outra padroeira. Qual a importância do fato? Para os católicos brancos, para o catolicismo e, enfim, para o próprio bairro, praticamente nenhuma. Mas para os índios foi o indício de algumas mudanças que logo se fizeram sentir. Não tendo quem os protegesse, a Aldeia dos Pinheiros logo virou objeto da cobiça dos colonos, desintegrando-se. Aqui a história pode ser dividida entre fatos e conjeturas.

Os fatos: parece não haver dúvida de que os pinheirenses, nos seus primórdios, eram em grande número, formado essencialmente por índios. Parece fora de dúvida também que, com a expulsão dos jesuítas, a Aldeia dos Pinheiros entrou em franca decadência. Não se afigura ser o caso de se discutir aqui quem tem culpa do quê: no Rio Grande do Sul ainda hoje os historiadores se dividem entre os que defendem a ação dos jesuítas e os que a deploram. A tese central desses últimos é a de que os jesuítas tendiam naturalmente para a Espanha – eram quase todos de nacionalidade espanhola e, ainda que tivessem uma visão autonomista dos territórios que dominavam, o enclave que formaram no sul redundaria certamente num outro país – como foi com o Paraguai. Por outra: a serem mantidas suas reservas, seus domínios em suas aldeias – como a dos Pinheiros, em São Paulo –, muito do que hoje é o Brasil se estenderia ao domínio espanhol.

Pinheiros e a Vila Madalena, um país independente? É uma idéia. Em nome disso, porém, e em todo caso, há quem justifique as mortes tanto dos índios do Sul como dos de Pinheiros e outras paragens. Não se têm, a propósito, os números exatos de quantos morreram ou fugiram – mas em Pinheiros e em São Miguel, em São Paulo, as duas aldeias que, como se viu, chegaram a contar com mais de mil índios em pouco mais de um século estavam reduzidas a uma dezena ou menos. O descaso chegou a tal ponto que um bispo não hesitou em no-

Vila Madalena | 31

mear como pároco da capela de Nossa Senhora de Monte Serrate, justamente a que tinha mudado de nome sob a guarda dos beneditinos, ninguém menos que o padre Antonio Ribeira de Cerqueira, tido e havido como assassino. Era padre, mas fora degredado para Pernambuco, fugira de lá e, sempre a se crer em Antonio Barreto do Amaral, depois de ter cometido vários delitos graves em Juqueri, acabou dando com os costados em Pinheiros, onde não se sabe se chegou a atuar como pároco. Em todo caso, antes que as coisas evoluíssem perigosamente, houve protestos dos índios e foi nomeado outro cura para a capela. Por isso, quem sabe para compensar o mau jeito, em 11 de dezembro de 1799 foi constituída a freguesia de Nossa Senhora do Monte Serrate dos Pinheiros.

Aqui a história do bairro como que cessa – sem que se mencione o enclave da Vila Madalena. Conjetura-se que o futuro bairro virou um deserto. Daí à conclusão de que a contestação seja significativamente uma marca histórica que poderia ter se espelhado nos índios vai apenas uma reflexão a que um certo segmento de videntes, médiuns e espiritualistas da Vila Madalena certamente estimaria aderir. Fechada essa questão sem que se saiba ao certo o que houve de concreto no bairro, Pinheiros começa a patinhar em torno da construção de uma ponte, assistindo, de entremeio, a um outro fato relevante: a chegada dos negros escravos.

Antonio Barreto do Amaral não precisa em que ano começam a se instalar na freguesia de Pinheiros os escravos vindos da África. O fato notável – de novo a confirmar a vocação contestatória que se diz ter se mantido na Vila Madalena – é que muitos deles, fugidos das lavouras no entorno de São Paulo, vão se constituir em bandos que começam a assaltar os viajantes que se aventuram pelas margens do rio Pinheiros.

A rigor, sabe-se pouco do que realmente aconteceu. Mas as versões vão longe. Alguns historiadores referem-se à Vila Madalena como tendo sido, primitivamente, a Vila dos Farrapos. Se o nome alude a uma situação especial em que a miséria se define pelos esfarrapados, pelos andrajos de seus habitantes, pode-se aventar que os ex-escravos ou se aquietaram ou foram aquietados. A presenças de negros na Vila Beatriz moderna estimula a imaginação: muitos seriam descendentes, quem sabe, de alguns escravos foragidos que foram se arranchando enquanto os Mouratos Coelho e os Inácios Pereira da Rocha não chegavam ("enquanto o seu Lobo não vem..."). É uma possibilidade. A outra refere-se mesmo à tal Nossa Senhora do Monte Serrate.

O culto a essa versão da Virgem começou nos dois séculos posteriores à invasão moura, na Espanha. E, como sempre, como resultado da descoberta de uma imagem que, como era de se esperar, enegreceu com o tempo, vale dizer, tornou-se moura como a maior parte da população espanhola, mestiçada com os árabes que tinham desembarcado na Península nos 700 depois de Cristo. Dito de outra forma: os beneditinos talvez tenham sido impostos à população da Aldeia dos Pinheiros por conveniência — mas a conveniência que se seguiu de tornar a padroeira da paróquia adequada à gente mestiça, essa certamente não se deva discutir. No frigir dos ovos, Nossa Senhora Aparecida é a padroeira do Brasil também por ter sido encontrada ao acaso — nas águas do Paraíba —, mas sobretudo por ser negra, como convém a um país amulatado. Assim no Brasil como em Pinheiros, pode-se dizer. As linguagens das religiões — ou melhor, de todo o resto — não se fazem apenas entre contemporâneos. Tudo indica que elas se estendem para muito além de seus descendentes. São essas as conjeturas que dão sentido à história.

Dito de outra forma: a paróquia de Nossa Senhora do Monte Serrate (o nome foi devidamente aportuguesado) pode não ser a padroeira dos *hippies*, que, diz-se, foram os que fizeram a Vila Madalena nos moldes em que ela é hoje. Mas uma Nossa Senhora moura — ou *morena*, como preferem os espanhóis e os latino-americanos de fala espanhola —, ao romper a tradição das virgens nórdicas, de olhos azuis, que fizeram a imagística popular da Europa dos francos, dos saxões e *tutti quanti*, se veio para juntar os católicos de primeira hora em torno de algumas diferenças (afinal, bem maiores do que se costuma pensar), nem por isso deixa de avalizar algumas contestações ou, digamos, vocações que se cristalizam com o tempo. Em poucas palavras: o que os jesuítas pretendiam com seus índios, arrebanhando-os para a grei branca com uma Nossa Senhora branca, os beneditinos o fizeram com uma nova versão iconográfica mais adequada à população mestiça que, parece, era a predominante em Pinheiros, desde que a aldeia fora montada. Pretendiam os beneditinos, com toda a razão, que a comunicação com os nativos de Pinheiros se faria mais adequada se os objetos de sua veneração lhes fossem mais familiares.

Uma Nossa Senhora dos *hippies* da época? Evidentemente que não — mas, desde que se considere que a comunicação possível tinha de se fazer com o instrumental disponível — que era a visão e o contato físico —, sem dúvida nenhuma.

É o que dá muito realce a um outro fato também ligado à comunicação não mais espiritual, mas física. É como se pode definir o caso das pontes sobre o rio Pinheiros. Em sua obra, Antônio Barreto do Amaral despende algumas boas páginas com a questão. Aparentemente, um problema a mais numa região precariamente conquistada, precariamente urbanizada, mas, sobretudo, precariamente comunicada não apenas com a Vila de São Paulo e sim com o resto do país.

De fato, em certas épocas não se tinha como sair da freguesia e, mais tarde, do bairro sem o recurso precário de canoas. Atravessar gente de um ponto ou outro do rio, tudo bem — mas como fazer isso com o gado vacum ou, pior ainda, com cavalos — o meio de transporte mais eficiente de um passado, afinal, já longínquo? Impunha-se a construção de pontes.

Pontes são aparentemente problemas da engenharia e apenas isso. São isso, mas sempre foram muito mais. Pontes exigem engenho e arte. Não era sem razão que os romanos viam nas pontes ligações, meios de comunicação mais que engenhosos não apenas a ligar as ilhotas, mas a amalgamar civilizações e, no extremo, a aglutinar os homens ao próprio Deus. Ainda hoje se diz do papa da Igreja católica ser um pontífice – o homem que relaciona a humanidade com o Todo-poderoso. Sem rebuços, era isso que o bairro de Pinheiros precisava: ligar sem muitos problemas; isto é, o bairro tanto com o interior da Província como com o Sul do Brasil. Ou seja, uma vez resolvido que imagem da Virgem adequar à religião dos gentios, a fim de animá-los a que se comunicassem com Deus, através de uma intermediária – uma espécie de ponte –, os governantes da São Paulo de então trataram de transformar a questão da comunicação com os homens entre si num engenho concreto – uma ponte.

Há uma série de tratativas a animar os relatos que culminaram não numa, mas em várias pontes – quase todas invariavelmente destruídas pelo rio e suas cheias sazonais. Não é o caso de transcrevê-las. Mas se calcula que, até a montagem de uma ponte de metal importada diretamente da Alemanha – isso já no fim do século XIX –, as pontes precárias construídas sobre o rio Pinheiros, se não serviram sempre, serviram em tempo. Deve ter sido por uma delas que o brigadeiro Rafael Tobias de Aguiar atravessou o rio Pinheiros, com seu cavalo especialíssimo, para ir lutar na Revolução Farroupilha na década que vai de 1835 a 1845. Diz-se cavalo especialíssimo porque a montaria com que Tobias de Aguiar (marido da marquesa de Santos depois que a ilustre senhora desfez seu *affaire* com o imperador Pedro I) atravessou o rio em direção aos campos do Sul era rosilho com manchas brancas pelo corpo – uma montaria inédita para os gaúchos. Enfim, e exagerando, foi também por causa de tal travessia por uma ponte precária sobre o rio Pinheiros, saindo certamente do bairro, que nasceu a expressão "cavalo tobiano ou tubiano" – um termo bastante familiar aos gaúchos, mas também aos amantes do turfe, que, por sinal, acabou localizado próximo ao bairro de Pinheiros.

Enfim, aí a história já é outra. E se o bairro de Pinheiros vai se fazer uma interligação, ou antes, um interlocutor de São Paulo com o Sul — louvem-se não apenas as Virgens, os índios e os negros, mas também as pontes.

Restaria alertar os possíveis visitantes da igreja de Monte Serrate que se trata de uma das mais feias de São Paulo; e que, fiel (vai saber), à concepção do arquiteto que a construiu, os padres que a administram fizeram da imagem da Virgem — essa sim — um objeto para todas as inquirições e rejeições possíveis. Não se sabe, a propósito, desde quando, mas um dos párocos da igreja achou por bem — certamente em contradição total com o que sempre quiseram os futuros moradores da Vila Madalena e de Pinheiros como um todo — aureolá-la com uma dessas lâmpadas modernosas de acrílico — com o que não se tem a menor idéia de como seja a Virgem Morena. Mesmo assim ou por isso mesmo, ao fim e ao cabo, há que se registrar o quase sacrílego, ou antes o chulo que fica nos fundos da igreja. Por obra e graça da feiúra da construção e da interdição da verdadeira feição da Virgem, o que restou como corolário do templo contíguo ao Largo de Pinheiros foi um bar de batidas. Nada de especial na verdade, a não ser no nome que o povo lhe deu, quem sabe por vingança: Cu do Padre.

Sobre o que é que a Vila Madalena
tem que as outras vilas não têm;
ou sobre como a gente aprende a
gostar também da Vila Maria

A Vila Madalena tem algo de diferente e não tem. Essa talvez seja a constatação que qualquer um faz em apenas alguns anos de convivência com a sua geografia e com a sua gente. Se a história da Vila for contada não pelo seu começo – nos tempos idos dos mais antigos moradores – mas por seu passado recente, o da contestação do fim da ditadura militar, dos tais tempos em que os *hippies* – chamemo-los assim – se reuniam no Sujinho, sobram muitas diferenças para os outros bairros de São Paulo. Esta é a Vila que não tem mais que uns 25 anos. No entanto, há quem diga que nesse curto período aconteceram muitas coisas. E aconteceram mesmo.

Essa era a curiosidade que eu tinha, quando, a convite de alguns amigos, estive na Vila Maria – o "M" aqui é mera coincidência –, e quando mais uma vez soçobrei na noite paulistana com uma espécie de arrepio – um sentimento constante que eu ainda tenho desde os primeiros tempos em que cheguei a São Paulo. E que eu continuo sentindo ao longo dos mais de trinta anos em que me estabeleci na cidade.

Havia algumas razões para que eu transformasse um simples deslocamento de um bairro para o outro de São Paulo numa inquirição sociocultural, digamos assim. A Vila Maria é tida como um dos bairros mais irredutivelmente conservadores da capital. Para quem conheceu Jânio Quadros, um dos políticos modelares da São Paulo industrializada, a questão era saber em que, precisamente, a Vila Maria — afinal, uma trincheira do malufismo e do janismo, ambos assemelhados ao ademarismo (uma forma muito paulista de fazer política) — seria diferente da Vila Madalena, a tal da contestação e da liberalidade.

Dito de outra forma: imaginemos ou inventemos dois antípodas — de um lado a Vila Maria, de outro a Vila Madalena: quais as diferenças? A rigor, a resposta parece mais difícil do que a simploriedade da pergunta. A diferença não é propriamente política. Jânio não foi mais conservador do que a maior parte dos políticos brasileiros da sua geração. Sua trajetória se fez como a de muitos outros, em cima da demagogia, com a diferença significativa de que Jânio inventou uma caricatura de si próprio — uma caricatura que, afinal, é o *alter ego* de quase todos os políticos brasileiros contemporâneos. Dizer frases sem significado algum, mas com a empáfia e a imponência de um profeta anunciando terras prometidas, é quase um dom de Deus prodigalizado a não poucos latino-americanos, mas principalmente aos brasileiros. Que nos digam os pastores de quase todas as igrejas inventadas recentemente. Ou da Igreja católica da atualidade — a tal carismática, que entrou na concorrência das religiões pela porta do populismo global. Compare-se a peroração de um político com a de um pastor, ou mesmo com a de um desses padres católicos modernosos que dançam levantando a batina, como certamente muitas beatas gostariam de fazer (e falo tanto das beatas católicas quanto das protestantes): quem difere mesmo do quê? Logo, em substância não haveria o que encontrar na Vila Maria que qualquer agnóstico não lograsse achar na Vila Madalena.

Certo: os moradores da Vila Madalena, conforme as pesquisas, votam menos em Maluf do que os da Vila Maria votavam em Jânio Quadros ou, mais recentemente, em Maluf. Neste particular, ainda que as diferenças existam, não são tão abissais assim. Ambas, em princípio, têm um perfil de classe média, sendo cada uma, a seu tempo, conservadora ou de esquerda.

Tome-se o exemplo da vida política. Desde que se considere o que a Justiça Eleitoral chama de Zona Eleitoral de Pinheiros — uma classificação que claramente não define o que seria a Vila Madalena, por incluí-la entre outros subdistritos que compõem o bairro como um todo (tais como a Vila Beatriz, parte de Cerqueira César, parte do Sumaré ou mesmo do Alto de Pinheiros, entre outros), existem, sem dúvida, dessemelhanças. Vem daí, porém, que a coisa é mais complicada do que possa parecer à primeira vista. Os números ditam os paradoxos.

Enquanto nas eleições de 1998 para presidente Fernando Henrique Cardoso obtinha, em Pinheiros, algo em torno de 67% dos votos e Lula mais ou menos 16%, no suposto colégio eleitoral mais conservador de Vila Maria o candidato de esquerda, Luis Inácio Lula da Silva, detinha 19% dos votos, ao passo que Fernando Henrique Cardoso não ultrapassava os 58%.

Volta-se à pergunta: qual mesmo a diferença? Em princípio, quase nenhuma, a se relevar, claro, a preferência um pouco maior do eleitorado da Vila Maria por Luis Inácio Lula da Silva. Ao se ler tais resultados, ficaria consignado que a Vila Maria está um pouco mais à esquerda da Vila Madalena — uma vez que não se sabe ao certo o que a distingue do resto do bairro de Pinheiros. No entanto, ao se analisar, na mesma eleição, os índices dos candidatos a governador, o que ressalta é a confirmação do juízo, ou melhor, do pré-conceito de que, talvez, na Vila Maria, os candidatos de direita realmente têm uma nítida preferência entre os eleitores do bairro. Pois se

Mário Covas, teoricamente de centro esquerda, contou com aproximadamente 19% do eleitorado, o candidato de direita, Paulo Salim Maluf, se sobressaía com nada menos que 38% dos votos. Enquanto isso, sempre no mesmo pleito, em Pinheiros, Mário Covas somava 45% dos votos e Paulo Salim Maluf não ia muito além dos 25%. A conclusão contraditória de que na Vila Maria a direita tem mais votos do que a esquerda pode ser confirmada; mas só aqui; pois em Pinheiros, de novo paradoxalmente, se a candidata mais à esquerda, Marta Suplicy, não ultrapassava 15% da preferência dos eleitores, na Vila Maria ela ia além dos 16%.

Que concluir disso tudo? Difícil uma só ilação, já que, se é verdade que a Vila Madalena tem os laivos libertários ou contestadores que a Vila Maria não tem, há que se explicar em que instância exatamente se definem tanto a contestação quanto o tal libertarismo.

Nada disso, a propósito, eu sabia; ou tinha consciência quando estive na Vila Maria. Ao que eu guardava do bairro, tratava-se de um reduto apenas e tão-somente janista. Os próprios amigos que me convidaram para a Vila Maria foram os primeiros a levantar o alerta em tom de blague. Eu vinha da Vila Madalena — que não estranhasse o que iria encontrar no outro lado do Tietê. Fui, e com tudo o que eu tinha de vila-madalenense. Como eu já pintasse, ou seja, como eu já me dedicasse às artes plásticas a partir do entardecer, quando eu me libertava, depois de um dia inteiro do ofício de escrever, não hesitei em levar minhas tintas e meu cavalete também à Vila Maria. Da mesma maneira como fiz durante anos a fio em relação à Vila Madalena, quando meu gesto de pintar à noite, sob postes, sempre intrigava e assustava mais aos suspeitos de serem bandidos do que eu mesmo que os temia, eu pintaria a Vila Maria.

Não senti muitas diferenças. Em ambas, a surpresa foi a mesma. Assim também em relação a outros assuntos, a começar pelas parecenças.

Como na Vila Madalena, na Vila Maria improvisam-se logradouros, paragens em bares e lugares de lazer. Em São Paulo, um centro estupidificado pela idéia de que cidades não são lugares para se passear a noite, mas para se dormir, para se ficar em casa vendo TV, uma padaria ou um barzinho com um balcão podem mobilizar dezenas, até centenas de pessoas.

Dá-se que seja um bar com balcão e banquinhos. Esses três "bês" podem se transformar, por si sós, com todo o seu desconforto, num lugar disputado por centenas de pessoas. É surpreendente o quanto pode o serviço de boca a boca numa das cidades em que a publicidade tem tantos canais. E as comunicações tantos meios eletrônicos de se multiplicar.

Isso quanto aos populares botecos; mas pode ser também uma padaria, ou mesmo uma banca de revista.

Na Vila Maria, quando a visitei, o grande ponto de reunião do que, à falta de uma expressão mais contemporânea, poderíamos chamar de "boêmia", era exatamente uma banca de revista; em torno dela reuniam-se jornalistas, publicitários, funcionários públicos, amigos e amigas com idades variáveis que, por não contarem com um local mais adequado, ou menos convencionais, improvisaram o que teria o seu sucedâneo em pizzarias, restaurantes ou bares dignos do nome. Onde então, de novo, as diferenças? A constatação de que o fator humano ainda conta – e por razões que nem sempre são explicáveis – talvez seja apenas um palpite. Mas ela existe.

Até poucos anos atrás, os nativos da Vila Madalena ensejavam, de fato, a que se pensasse que eram diferentes dos de outros bairros de São Paulo. Certa vez eu pintava na rua quando fui abordado por uma senhora. Deveria ter uns 70 anos e, ao contrário do que eu pensava – que ela me fosse perguntar o que eu estava fazendo, questão óbvia e quase idiota quando se está à frente de um cavalete com tintas ao entardecer e que talvez denunciem mais a idiotice do gesto em si de quem pinta a essa hora do que a redundância da pergunta –, ela simplesmente quis saber se eu fazia grafites. Diante de minha negativa, explicou: queria que eu lhe decorasse o muro de sua casa em frente; e, como eu lhe dissesse que não tinha técnica nem disposição para a coisa, indiquei-lhe o sujeito que fazia isso, pois na Vila Madalena eles já existiam – era John, um norte-americano que, na época, incentivava jovens a pintar muros, mas de quem eu não tinha a menor idéia de onde morasse.

O episódio numa certa medida estabelece a tal diferença: em quantos bairros de São Paulo alguém com a idade de 70 anos pedirá a um artista plástico que lhe pinte o muro branco de sua casa com figuras ou mesmo possíveis invenções quase abstratas? Poucas, na verdade.

Assim também em relação aos chamados *hippies*. Dos que hoje têm mais de 70 anos, difícil qualquer reclamação com sua antiga presença na Vila. Se isso explica, em parte, a tolerância com o consumo da maconha antes que isso se tornasse comuníssimo, vai aí uma pergunta difícil de responder.

Um fato que alterou a vida da Vila, como se verá, foi a chegada de migrantes vindos principalmente do Nordeste, mais especialmente da Bahia. Muitos se instalaram na Vila como parte da leva dos ditos *hippies* – na verdade apenas atores, artistas plásticos ou mesmo estudantes que usavam cabelos compridos, ponchos e alpargatas; outros se achegaram com as repúblicas de estudantes ou mesmo de professores. Paralelamente, alguns jornais típicos dos que pululavam na América Latina como parte da contestação às ditaduras acabariam se instalando nas imediações da Vila Madalena. Por que não no Brás, no Bexiga, ou na própria Vila Maria? Não porque a Vila que faz parte do bairro de Pinheiros não fosse, afinal, a seu modo, o lugar ideal para este tipo de iniciativa. Seja qual for a resposta, não parece ter sido por casualidade que, a seu tempo, os jornais e publicações que contestavam a ditadura militar, como o *Movimento*, mais tarde o *Versus* e, por fim, atualmente, a *Caros Amigos*, uma publicação remanescente dos tempos de chumbo da ditadura militar brasileira, tenham encontrado na Vila e em seu entorno o que não existia algures, em qualquer outro lugar de São Paulo. Em suma, nada disso parece ser mera coincidência. E, sem dizer o que a Vila tem que as outras vilas não têm, uma coisa é certa: se nada explica o lugar certo para as pessoas certas, o que fica podem não ser apenas as perguntas, mas alguns fatos. É o que, talvez, se possa aduzir a essas inquirições. E que evidentemente, ao não se apresentarem como respostas, ou até mesmo como questões, apontam alguns caminhos. Que tanto podem ser uma coisa quanto outra.

No início era o Sujinho, que, a rigor,
nunca foi sujinho, embora seja até hoje
apenas e tão-somente o Sujinho

Nonato Lima, vulgo Renato, dono do bar mais famoso da Vila, local tido como uma espécie de marco histórico dos fundadores da Nova Vila Madalena, não tem a fama de intelectual, nem lhe sobram elogios quanto a sua urbanidade ou a suas preferências partidárias. Nonato, ou antes, Renato, como quase todos os donos de bares do mundo, gosta de repetir que os políticos são ladrões, e que a bandidagem tem que ser tratada pelo que faz e é. Para um bar que, desde os seus primórdios, em 1978, assumiu o significativo nome de "Sujinho" (em vez de Snack, como era de sua razão social) seus primórdios ainda hoje surpreendem. Começa que, apesar do nome, nem por isso deixou de abrigar políticos de fina estampa, como Sérgio Motta (o ministro plenipotenciário do primeiro governo FHC), que tomava cerveja num canto ainda hoje apontado por Nonato como uma espécie de lugar sagrado, e não termina com o fato de já ter recebido até o próprio presidente Fernando Henrique, que em tempos áureos, quando era apenas um político de oposição, também gostava de tomar suas cervejinhas no lugar.

Sob certos aspectos — na verdade os menos importantes na avaliação real da sua higiene — o "Sujinho", se comparado a seus congêneres da Vila, não faz jus a seu nome. Continua o mais arejado dos bares da Vila Madalena, o que o transforma num tormento gelado para seus freqüentadores durante o inverno; e, se há algo de correto no Sujinho do apelido, há que se dar um preito à tradição que Renato faz questão de manter: a de ter seus banheiros devidamente abertos a quem quer que seja, estejam ou não bebendo no bar.

Parece ter sido sempre assim. No começo, quando o alugou do "senhor Campos", pai da ex-jornalista e ex-deputada brizolista Cidinha Campos, Renato não tinha muito a idéia do que o aguardava. A Vila, naquele ponto, era o que o descrevem todos os mais antigos moradores: uma esquina entre duas ruas (a Wisard com a Mourato Coelho) que ficavam desertas ao cair da noite. Mal o sol se punha, as casas das cercanias fechavam suas portas, as ruas mergulhavam nas sombras, mal iluminadas por alguns raros pontos de luz.

O local tinha sido até ali uma antiga mercearia. E ao se tornar o único estabelecimento a ficar aberto à noite, na Vila, em seu princípio o Sujinho foi muito mal freqüentado. As caras de poucos amigos dos que se escarranchavam por suas mesas de palha, pedindo pinga e cerveja, não animavam que o então jovem proprietário pensasse em seu negócio nascente como um empreendimento comercial de futuro. Renato tinha comprado o ponto por 400 cruzeiros, uma dívida razoável para a época e que ele conseguiu alongar em algumas vezes — 160 cruzeiros de entrada e o resto em algumas prestações.

Pela cara dos seus clientes, Renato logo percebeu que talvez tivesse cometido o grande equívoco de sua dura vida. Por debaixo da camisa de alguns freqüentadores não se percebiam revólveres (ainda não havia bandidos escancarados); mas a catadura, o jeito de pedir bebida e, não raro, a recusa agressiva a pagá-la transformaram o jovem migrante vindo da Bahia numa espécie de refém de seu mau negócio. Que fazer? Bons modos, tolerância e um tato natural para contornar situações embaraçosas, mas sobretudo a amizade com um ou outro líder entre os mal-encarados mais violentos logo surgiriam como as únicas alternativas. E Renato foi levando a coisa. A amizade providencial de um delegado — amizade que, afinal, Renato irá cultivar até hoje não com um, mas com vários deles — salvou-lhe de uma humilhação completa. Foi quando, ao se ver numa situação especialmente perigosa, lembrou-se de que tinha um revólver emprestado exatamente do tal delegado. E que lhe foi a alternativa salvadora no momento em que um dos seus clientes, acompanhado de um grupo, avançou em sua direção, não propriamente para conversar.

"Não pisca" — disse Renato, o revólver na cara do sujeito. O outro sentindo, quem sabe, mais do que uma simples ameaça no olhar feroz, não só obedeceu, sem piscar, como convenceu seus acompanhantes, daí por diante, de que talvez não fosse conveniente contrariar o dono do que então não passava de um boteco.

"Livrei-me do revólver depois disso", afirma Renato. "Jurei nunca mais usá-lo em qualquer lugar."

As coisas, de fato, mudaram um pouco. Mas antes que Renato tivesse tempo de testar se, afinal, o respeito público era definitivo e o fim das brigas para a vida toda, num dia qualquer, de 1979, chegam os barbudos, os falados *hippies* que então começavam a se espalhar pelo mundo desde os Estados Unidos sob o lema "Paz e Amor". Ao que fica das conclusões do próprio Renato, eles escolheram seu bar, não por ser o Sujinho, mas porque era um dos únicos a ficar aberto na região até altas horas da noite ("enquanto houvesse cliente", diz Renato), e também por se situar na Vila Madalena, um local mais ou menos próximo do centro e onde os aluguéis eram incrivelmente baratos em comparação com outros pontos da cidade.

Logo as coisas tomariam um outro rumo. Aos poucos, em vez dos sujeitos mal-encarados, os que vão chegando com a noite são os barbudos e cabeludos com seu séquito feminino, que vão ocupando os lugares sem alarde. Ainda que razoavelmente maltrapilhos, são definitivamente pacíficos. Chamam o garçom com delicadeza, pedem suas bebidas, pagam o que devem, e, quando não o fazem, deixam, na garantia de que voltarão no dia seguinte, a esperança de que Renato não sofrerá nenhum prejuízo. "Ganhei dinheiro como nunca", conclui.

Nem tudo é pacífico, certamente. Os freqüentadores antigos mais mal-encarados de vez em quando inventam de provocar os barbudos. Chamam-lhes pelo que lhes suscitam suas barbas e cabelos compridos bastante inusuais na época, provocam as moças que os acompanham e, quase sempre, recebem em troca um "desculpe" ou uma retirada estratégica. Mesmo assim, as brigas são inevitáveis. Mas então acontece um fato até então insuspeito. Ao contrário dos outros freqüentadores que, uma ou outra vez, atacam em bando (foi numa delas que Renato encontrou o revólver providencial), os indigitados *hippies* preferem a paz; mas desde que agredidos levantam-se coletivamente contra o agressor ou agressores. Algumas vezes as brigas chegam a proporções inimagináveis. Numa delas houve o envolvimento de quase todo o mundo do bar, a polícia chegou e tudo voltou à calma. Seja por isso, ou pela notoriedade que o local vai assumindo, agora o reino dos mais mal-encarados começa a declinar. Gradativamente, os *hippies* vão ganhando o espaço. Um deles – um cabeludo barbudo que ainda hoje ostenta o visual de antanho – logo se sobressai: é José Luís Pena – um músico que reúne músicos. E que, de imediato, se revelará um líder entre seus pares. Por ter sempre uma mesa pronta para os amigos que estão com fome e por instar o Renato a facilitar a dívida de um lanche, acabará atraindo muita gente para o Sujinho.

Na época, recorda Renato, a principal característica do que, para ele, e para o resto da Vila, eram (e ainda são) os *hippies* eram menos as suas roupas e suas maneiras contestatórias do que as moças – elas também cabelos compridos, saias longas, gestos obsequiosos. Um pormenor, porém, chama a atenção: algumas são lindas. Nada de estranho que, num repente, outros freqüentadores, alunos da Universidade de São Paulo (USP), jornalistas, professores, fossem eles próprios se achegando; e sempre mais ou menos inseridos no modelo *hippie* que então começava a fazer escola, isto é, barbas crescidas, cabelos compridos, gestos mansos. O palavrório macio em que se misturam gírias nordestinas com a conversa paulistana forma um patuá que aos poucos vai se conformando como sendo típico "da Vila". Alguns dos mais assíduos freqüentadores do Sujinho logo passariam à posteridade. Foi o outro lado da fama da Vila.

O sujeito de barba rala, óculos escuros, que chega diariamente, aboletando-se junto ao balcão com uma cervejinha e que quase não conversa, em princípio provoca desconfiança. É quieto demais. Renato pensa na namorada: será que o camarada está tentando conquistá-la? Nada. O que o estranho quer é apenas sorver devagar a sua cerveja, enquanto fica caraminholando sabe-se lá que música e com que letra. Naquele tempo, Raul Seixas ainda não era Raul Seixas – aquele que se contará entre os mitos do *rock* brasileiro. Na época, aliás, começo dos anos 1980, são poucos entre os freqüentadores os que não perseguem a fama. Tetê Espíndola é uma moça magrinha que de vez em quando pega o violão e canta algumas músicas, acompanhando-se, ou acompanhando outros músicos, todos mais ou menos *hippies* ou, ao menos, algo solidários com os próprios. É o caso do Lobão, do Chico Evangelista, do Paulinho Boca de Cantor, do Moraes Moreira, do Arrigo Barnabé ou, entre outros, de uma turma que dá a outra feição da Vila, a feição que ela terá também como reduto de muitos latino-americanos que fogem das ditaduras mais violentas, como argentinos (30 mil assassinados pela ditadura militar) e chilenos (10 mil mortos pela polícia de Pinochet). É o caso do grupo Raíces de America.

Esse é o outro lado da história não só do estabelecimento do Renato e, por extensão, da própria Vila Madalena, mas de um outro bar, o das "Empanadas", que, por sua vez, também introduzirá no cardápio noturno de alguns restaurantes da Vila um prato que até então São Paulo não conhecia. "Empanadas": nunca um pastel típico deverá tanto a ditaduras e muito ao local de exílio! Pois, se daí em diante a empanada não tem gosto da Vila, a Vila Madalena passa a ter o gosto de empanada.

De fato, não são poucos os latino-americanos refugiados, estudantes ou não, que arrumarão suas malas, trouxas e congas em casas com os aluguéis ainda baratos. E que sentem poderem sobreviver no Brasil, longe de seus países de origem, tomados por ditaduras ainda mais ferozes que a daqui.

Se houve ou não a influência dos latino-americanos, dos barbudos e das moças com suas batas e sandálias e da mistura dos dois com as feiras ditas "culturais" que iriam se iniciar durante a administração do prefeito Reynaldo de Barros (a menção ao prefeito, nomeado pelo então governador Paulo Maluf, é importante na visão de Renato), não chega a ser uma questão acadêmica. A verdade é que na primeira "Feira das Artes da Vila Madalena" (sic), de 1978, a quantidade de gente com "poncho e conga" (a expressão é do cronista Telmo Martino) vai definir todo um ciclo: o da aproximação dos jovens paulistanos de então com o resto da América Latina. A confluência dos contestadores e seu discurso libertário com os jovens marginalizados pelos regimes sanguinários do chamado Cone Sul resultava numa comunidade *sui generis*. *Hippies*, ou coisa que o valha é verdade, mas com uma visão que incorporava as empanadas, Violeta Parra, Milton Nascimento e, para os mais sofisticados, Piazzola, as quenas, os protestos mais ou menos tímidos, além do que se imaginava ou que efetivamente era a cultura alternativa.

Vale tudo na simbiose: desde a maconha nacional (mais raramente a colombiana) até a comida vegetariana, o pisco e os vinhos chilenos – verdadeiros requintes de uma época em que não se adivinhava na devastação que os neoliberais iriam promover na América Latina. E que era o reduto paradoxal não apenas de alguns tucanos como Aloysio Nunes Ferreira, ex-ministro da Justiça da "Era FHC", mas também do petista Eduardo Cardoso. E de muitos futuros executivos, que, no devido tempo, se arrependeriam de ter freqüentado o Empanadas, Sujinho, mas principalmente o efêmero Bar da Terra – um reduto à parte na fauna e na flora da Vila.

Sobre a origem das palavras e do que elas dizem sem querer dizer muita coisa; ou como a Vila Madalena deu uma parada exemplar em São Paulo

A escritora Gertrude Stein, magnificamente retratada por Picasso em um de seus melhores óleos, num livro que ficou famoso, escreveu repetidamente a frase "uma rosa é uma rosa é uma rosa" e por aí afora, indefinidamente. Sem querer imitá-la (mas já a imitando) poder-se-ia dizer que a "Vila Madalena é uma vila é uma vila é uma vila", também eternamente, e tudo para enfatizar que, se a Vila Madalena já não é, hoje em dia, rigorosamente "uma vila", um dia ela o foi. E com todas as implicações que o termo sugere.

Na verdade, a palavra vila é bem mais antiga do que a nossa imaginação possa construir, tanto pelo que sabemos dela quanto pelo que a própria história do Brasil ensina. Que o diga o dicionário *Houaiss*, no qual a palavra vila aparece como "uma povoação de categoria inferior a uma cidade, mas superior a uma aldeia". Considerada somente por essa primeira definição, a Vila Madalena talvez se encerre mesmo na fórmula sugerida por Gertrude Stein — de ser apenas uma vila; ou de não ser mais que isso, já que um dia foi isso e muito mais. Examinada historicamente, porém, a Vila foi, realmente, o que os romanos, que criaram a palavra, certamente queriam dizer. Quando se referiam à palavra vila, eles aludiam principalmente a uma casa de campo. Na antiga Vila Madalena, as casas de campo, ainda que raras, existiam de fato. Mas, se consideradas as chácaras — que eram também como os romanos entendiam as vilas —, a Vila Madalena, em seus primórdios, claro que as tinha em grande quantidade; os vilamadalenenses da época subsistiam à base do que plantavam em seus quintais. E suas chácaras serviam-lhes exatamente para que subsistissem criando porcos, plantando hortaliças, erva-mate e sabe-se lá mais o quê. Em razão de uma coisa e outra, entretanto, tudo o que se pode dizer da Vila — afora os exageros possíveis de tê-la como um local especialíssimo em São Paulo — é, numa certa medida, bastante verdadeiro. Mas aí se abrem ilações, no mínimo, interessantes.

Uma delas e que se refere ainda à vila é a restritiva, ou seja, àquilo que a Vila Madalena nunca foi. No sentido em que os romanos as tinham, as vilas se constituíam não num conjunto de chácaras, ou de vilas, mas numa unidade, numa casa de campo. Digamos, portanto, que no começo do começo, quando a Vila Madalena era ainda de uma única pessoa, no caso de ter sido, hipoteticamente, de uma senhora chamada Madalena (que seria devota de Santa Maria Madalena, padroeira da Vila, e daí o nome), pelo que ficou depois, a Vila Madalena não seria uma única, mas várias "vilas". Como, porém, a expressão passou para o português a fim de definir uma cidade de categoria "inferior", isto é, pequena, aí mesmo é que a Vila Madalena nunca foi uma vila.

Já então a cidade de São Paulo era uma realidade, e a vila não era nem menor nem maior que quaisquer outras a seu lado, ou algures, espalhadas pela metrópole. Ficou, no entanto, o nome. E, com ele, a outra tradição histórica que, afinal, acabou se difundindo também aos bairros.

Ora, no sentido de bairro ou arrabalde, a Vila Madalena só angariou seu nome por tradição. E como a palavra arrabalde, de origem árabe, quer dizer *ar rabád* – que, por sua vez, significa "arredores de uma cidade", o que a Vila nunca foi, talvez tenha sido, e o que ela ainda é, já ninguém a considera tal, uma vez que é um arrabalde, ou seja, um bairro – embora a prefeitura de São Paulo não a classifique como tal. Ao que se sabe, a Vila Madalena pertence ao distrito, ou antes à "regional" de Pinheiros, não se constituindo, portanto, numa unidade. Dito, enfim, de outro modo: ao contrário do que se poderia depreender da arenga literária do começo, ou da ilação histórica do fim, a Vila não é e nunca foi, a rigor, uma vila. Qual a conclusão? Uma só: por nunca ter sido vila e por jamais ter sido registrada como "da Madalena" ou da "Santa Madalena", como ela, certamente, chegou a ser um dia, eis que a Vila Madalena já seria, em si mesma, uma grande confusão.

Nada de ofensas, entenda-se. A população ordeira de pequenos artesãos que constituiu a primitiva população da Vila nunca foi dada a confusões; quanto às hordas dos barbudos que, por sua vez, foram invadindo pacificamente a Vila a partir do fim da década de 1970, se no começo provocou certo estranhamento, nunca, a rigor, promoveu confusões. A não ser nos espíritos. Donde, então, a confusão em sentido literal? Certamente apenas na nomeação da Vila, fato, aliás, perfeitamente justificável. Assim como os poetas, os literatos e os artistas têm a liberdade poética de inventar até uma nova língua, os seres humanos, os habitantes de um país, de uma cidade ou de um bairro, incluindo-se aí a Vila, mais que os poetas e os artistas, têm a prerrogativa de dizer o que bem entendem sobre si e sobre o lugar em que vivem. É o caso da Vila Madalena. Mas é o caso em muitos outros sentidos.

Um deles é a pretensão. Há quem diga que, por não ser vila, e por não ser uma unidade, a Vila Madalena nem por isso deixou de ser imitada por São Paulo. A pretensão seria essa, mas a tese que a anima é até interessante.

Quem a formula é o José Luís Pena, organizador das feiras de cultura da Vila Madalena. Seu raciocínio tem algo de economês: desde que se considere que em qualquer grande cidade o setor secundário, aquele da indústria, tem sempre seus dias contados, a Vila Madalena estaria realmente na vanguarda da cidade de São Paulo. À primeira vista, uma conclusão talvez apressada — mas não parece ser mais que isso. Se as indústrias de São Paulo estão, hoje em dia, encurraladas pela cidade —, não há como não constatar que a industrialização da cidade de São Paulo esteja em seu fim. As estatísticas oficiais o confirmam sem concluírem nada sobre o resto: hoje mais de 80% das atividades ditas "econômicas" são menos ditadas pela indústria do que pelo comércio e pelos serviços — desde o grande comércio, aquele dos supermercados, até os pequenos, vale dizer, os que se abrigam nos bares e botecos da vida (e da Vila), nas mercearias da esquina, na padaria do português, na pastelaria ou na auto-elétrica do japonês ou ainda na pizzaria da italianada, sem falar nos armarinhos dos árabes e judeus, ou no comércio de tecidos dos coreanos. A isso, porém, poderíamos acrescentar as galerias de arte ou os ateliês dos artistas, as apresentações remuneradas dos músicos da noite, a escola e o grupo de dança, o espetáculo da trupe circense, o estúdio de cinema e de gravação. Tanto nuns como noutros, a Vila Madalena vem sendo pródiga há muitos anos. Não se trata apenas de uma pretensão, portanto. E, embora se possa dizer de outros bairros de São Paulo, como o Bexiga ou a Vila Mariana, que também se fazem do setor terciário, é na Vila Madalena que o tal setor de serviços parece se estender não apenas abarcando seus botecos, ou seus ateliês, ou seus estúdios, mas também o poeta que pensa estar escrevendo a obra definitiva. E que talvez esteja mesmo.

    Aqui a coisa vai longe. Por exemplo: se tudo são comércios e serviços, e se São Paulo está se condicionando a sua nova vocação por necessidade — tendo não apenas na Vila Madalena um de seus paradigmas —, o que se pode concluir não é propriamente que a Vila seja o futuro de São Paulo para o bem. Se no já velho e não tão bom economês tudo se resume a esse mercado em que mais se vende e compra do que se produz, fica o suposto de que as coisas, tanto na Vila como em Jacarta ou em Nova York, são as mesmas em quase tudo. Inclusive naquilo que a geração dos filhos dos moradores da Vila dos anos 1980 passaram a classificar como "do mal". Não parece ser "do bem" a prostituição que a Vila Madalena abriga como parte desses bens e serviços que a sua vocação econômica exige, por abrigar também a economia informal; e não será "do bem" a luta das quadrilhas de tóxicos que brigam entre si para manter seu mercado. Assim como parecem ser impositivamente "do mal" (embora a definição seja politicamente incorreta) os pichadores que desembarcam na Vila única e exclusivamente para marcar sua indelével passagem por esse mundo com indevassáveis hieróglifos nos muros e paredes das casas. E que dizem mais sobre o nível da rede pública de educação básica do que sobre a real indigência principalmente intelectual dos tais pichadores (leia-se sujadores).

Neste e em muitos outros sentidos, a palavra "vila" engendra um sem-número de relações. Há quem diga, por exemplo, que a palavra "vilão", isto é, o morador da vila, só tenha adquirido sua conotação pejorativa – de sujeito sem eira nem beira, de canalha visível, de vigarista assumido – pelos preconceitos típicos do feudalismo português. Já que os que moravam nas vilas não se abrigavam sob a égide do senhor, do aristocrata, dono dos palácios e terras, ficava assente que o vilão, o homem da vila, seria um sem-vergonha, ou um sem-terra, como se queira. Com outras palavras: enquanto a palavra burgo, fortificação e, mais tarde, cidade, que nos países germânicos dará origem ao burguês, ao homem que vivia na cidade e que, graças a seu engenho e arte, desenvolverá o capitalismo e a indústria e, portanto, uma nova civilização, não terá similar em Portugal, o vilão será sempre o contrário do industrioso. A tese é essa. Viva, portanto, a aristocracia, abaixo o homem da vila, o vilão!

Por obra e graça dessa idéia, há quem se disponha a xingar os portugueses até o fim dos tempos. O capitalismo atrasado sobre o qual os neoliberais da era FHC deitaram falação até atrasarem mais ainda o Brasil, não seria uma deficiência tupiniquim, ou culpa nossa de cada dia, mas apenas e tão-somente herança maligna dos portugueses. Por aí a Vila Madalena teria se atrasado por não abrigar indústrias, mas vilões — isto é, gente até industriosa no sentido antigo, mas arraigada a um artesanato altamente retrógrado. Como as indústrias ficaram do outro lado do rio Pinheiros, por esse determinismo histórico dos que nos inquinam de ser atrasados (o coletivo culposo é de quem mora na Vila Madalena), haveria que se olhar com grande respeito para a Vila dos Remédios e para o pessoal do Rio Pequeno. O respeito é bom e o pessoal das vilas — ou bairros — que ficam do outro lado do rio, quase na mesma latitude da Vila Madalena, agradece e gosta. Mas a se dar crédito à conversa dos urbanistas que prevêem a diminuição das indústrias na cidade de São Paulo, em troca do desenvolvimento do comércio e para o bem geral da população desses bairros, não é bem assim.

Talvez seja assim, quem sabe, para as cidades do interior que disputam indústrias poluidoras, mas que lhes garantam empregos. Em relação à Vila Madalena, porém, definitivamente não é assim e, portanto, há quem não se ofenda por ser "vilão"; desde que se lhe acrescente "madalenense".

Na letra do samba-enredo em que os barbudos da geração do fim dos anos 1970 marcaram sua presença definitiva e original na Vila, há um trecho em que se diz que, perante a descoberta de uma tumba milenar, "chamaram os neguinhos pra cavoucar: um, dois, três"; ou seja, não haveria na Vila Madalena mais que três sujeitos dispostos a se dedicar à dura tarefa de abrir um buraco numa de suas ruas.

Em relação aos barbudos cabeludos, denominados inapropriadamente de *hippies* pelos nativos da Vila Madalena, isso não deixa de ser verdade. Ainda que pás e picaretas sejam instrumentos inadequados para artistas, há, na Vila, um consenso — entre os que chegaram depois do fim dos anos 1970, ou seja, entre autoproclamados artistas — de que tais instrumentos não existem para humilhar ninguém, embora se saiba também que a ninguém enalteçam. Fica assente, pois, que, não sendo essa a vocação da Vila hoje, ela não o poderá ser amanhã (fala-se aqui dos nativos e dos que lhes seguiram; não dos que chegam à Vila para a indústria da construção civil, por exemplo). E se a vocação da Vila nunca foi mesmo a de se industrializar, por ter saltado do chamado setor primário (olha o economês, de novo), que privilegia a agricultura, para o setor terciário, que consagra o comércio e os assim chamados "serviços" (nos quais estariam os três neguinhos chamados "pra cavoucar"), tanto para o bem quanto para o mal restaria o seu exemplo. E o exemplo talvez seja o de incorporar um novo personagem, isto é, a saber, o freguês. Aqui, de novo, a etimologia consagraria a vocação da "tal de Vila".

Freguês, como se sabe, é o cliente preferencial, o sujeito que chega na padaria todos os dias, cumprimenta o português e seu filho, pede o que deve levar para casa e toma a sua cervejinha no balcão. Desse ilustre personagem diz-se ser um freguês, é o freqüentador habitual. E o português da padaria, mais que todos, sabe dele, contando-o entre a sua clientela. A prevalecer a vocação "terciária" da Vila, ela seria composta fundamentalmente de vendeiros e fregueses ou de comerciantes e a sua freguesia, ou de artistas e sua freguesia, ou até, em última análise, de prostitutas, traficantes e sua sempiterna freguesia. Resumindo: à noite, quando as luzes da Mourato ou da Fradique começam a se acender, os bares abrem suas portas, é quando a Vila recebe a sua freguesia. A esta palavra vulgarizada à saciedade, a ponto de não se dizer numa butique que tal pessoa é "freguesa", ninguém concede mais do que o *status* que os donos dos bares e restaurantes lhe reservaram. No entanto, freguesia é uma palavra de origem antiga — uma das mais características e marcantes de uma época em que a Igreja e o Estado eram praticamente uma coisa só. Conforme o dicionário *Caldas Aulete* — com o devido pedido de perdão pela citação, mais uma vez de um dicionário —, freguesia vem do latim *filius gregis*, o que, traduzindo, dá em "filho da grei", ou, genericamente, "filho do mesmo rebanho, da mesma paróquia".

Freguesia neste sentido muito especial, de ser uma unidade portuguesa, isto é, do Império Português, assim como o foi e ainda é (como denominação) a Freguesia do Ó, isso — não para variar — a Vila também nunca chegou a ser. Mas sob o ponto de vista em que são freguesias a grei ou o rebanho unido em torno de uma igreja em que todos — ou quase todos — balem a mesma música, há alguns relatos que dizem ter sido a Vila, um dia, uma freguesia não no sentido regalista da palavra (regalismo é a união entre a Igreja e o Estado), mas uma expressão, digamos, meramente espiritual.

É o que se extrai de uma das poucas publicações sobre a Vila Madalena. Seu autor, Antônio Ivo Pezzotti, proclama-se antes de mais nada advogado, mas não deixa de ser escritor. Seu livro — uma série de episódios que evocam personagens da Vila Madalena antiga — não tem uma orientação histórica ortodoxa. São lembranças. Nada a ver com datas ou fatos específicos que se encontram nos arquivos públicos ou nas análises dos especialistas. Se há um termo que sua explanação sugere, a palavra crônica talvez seja a mais adequada; e crônicas não no sentido em que o português Fernão Lopes chama de crônica o que é história. O senhor Pezzotti faz crônicas enquanto histórias de saudades. No mais, embora fale muito de alguns personagens (entre os quais seu indelével amigo Calim Eid, ex-chefe da Casa Civil durante o governo Salim Maluf), num ponto seu livro nos remete a esse sentido amplo de freguesia: nos capítulos — os mais numerosos, na realidade — em que ele relembra seu irmão, o padre Olavo Pezzotti, personagem quase legendário da grei vilamadalenense, uma comunidade mais ou menos fechada que realmente existiu na Vila durante seus primórdios. E que cimentou toda uma tradição de um subúrbio paulistano, povoado principalmente por portugueses, cujas histórias entre ingênuas, dramáticas e engraçadas parecem preparar a Vila para o que seria mais tarde, quando da chegada dos barbudos e das meninas com seus hábitos bem mais heterodoxos do que um certo conservadorismo provinciano poderia prever.

Nessa época, a Vila seria mesmo uma freguesia. Havia um chefe da grei, o tal padre Olavo Pezzotti; havia uma comunidade, a própria grei, os portugueses nem mais nem menos simplórios, alegres e bons – até quando isso se aplica a todos os povos. Só que, ao que parece – pelo menos por algumas características –, já a tolerância seria tanto a postura do padre, o chefe da grei, quanto a atitude de seu rebanho – a comunidade da Vila. Registram-se algumas histórias, como a do ladrão que dá um enorme desfalque na igreja da Vila e que, mais tarde, irá se confessar ao padre sem que este o denuncie, ou do próprio pai do padre e do autor – um pândego que não hesita em se fazer anticlerical num bonde, chamando o próprio filho de "urubu" (como era comum no anticlericalismo dos anos 1950), para logo em seguida brigar com um passageiro que o imitou, informando aos do bonde (e ao passageiro estupefato) que o jovem padre envergonhado, enfiado numa batina apertada, não é menos que seu filho – "Eu tenho direito...".

O direito que o pai do padre Pezzotti avocou para troçar do próprio filho exatamente na sua condição de padre, muitos o reivindicam ainda, quando se trata de criar qualquer coisa a partir da Vila.

Dá-se o mesmo com a escritora infanto-juvenil Anna Flora, no livro *A República dos Argonautas* (editora Companhia das Letras). Em suas reminiscências da Vila, ela se dá o direito de fazer ficção dos primórdios do local onde nasceu e morou durante todo o tempo e principalmente no tempo em que os assim chamados *hippies* chegaram, e tudo que isso significa, com o repertório mais antigo que a ficção já teve – que é aquela montada pelos gregos antigos.

Sob certos aspectos, Anna Flora é menos uma memorialista do que uma ficcionista *avant la lettre*; mas, mais que isso, sua incursão literária parece típica de uma citadina. E aí ela cumpre o que é também uma característica da Vila – fazer parte da cidade de São Paulo, uma das maiores do mundo; e que, por isso mesmo, pode se dar o direito de arrogar para si o que é próprio da *civitas* latina, isto é, a cidade, e que deu origem à palavra cidadão e cidadã – uma condição que mais que tudo transparece em seu trabalho.

De fato, em seu livro sobre a Vila, Anna Flora faz uma confusão no sentido original da palavra, isto é, uma relação que ela inventou entre a Grécia antiga, mais precisamente Tebas, com seu mito do Jasão, e nada menos que a emergência dos novos moradores da Vila Madalena, isto é, o pessoal ligado às artes e que a sua moda também foi invadindo a Vila. A intenção a saber do que um vilamadalenense reivindicaria – o seu direito à invenção, seja ela a mais descabelada que se possa imaginar. Anna Flora acha que, por sua condição de cidadã brasileira, nada mais natural que invente um pano de fundo interessante e significativo para seu bairro – o cenário da história de Jasão que sai com os argounautas para conquistar o Velocino de Ouro –, símbolo do direito usurpado no mito de Tebas, e tudo para contar os anos em que a Vila Madalena espelhou o Brasil na sua luta pela democracia.

Deixe-se aos críticos comentarem os aspectos literários da obra de Anna Flora. Mas sua inventiva, que não deixa de ser o contracanto das crônicas de Pezzotti, dá à Vila uma dimensão que Pezzotti não intenta, a de um bairro de São Paulo onde a invenção começa a se impor independentemente da realidade, ou melhor, a partir dela e exatamente para a invenção que a arte permite, e que não deixa de ser o que está contido dentro dela.

Só faltava essa, a Vila Madalena como a repetição da Grécia antiga... Para a plêiade de guerreiros que acompanham Jasão, tais como Perseu, Hércules e outros, há os *hippies*, ou antes os tais novos moradores que deram à Vila sua feição moderna. E, se Jasão luta contra os usurpadores de seu trono, os cabeludos e as "barbudinhas" da Vila Madalena lutarão contra os milicos que usurparam o governo do país a partir de 1964.

Como a escritora deixa entrever, a luta não se dará no campo das armas convencionais, mas no da inteligência. O que para Jasão e seus companheiros é luta franca, a ferro e fogo, na Vila é contenda de tirocínio, de lucidez, de engenho e arte em suma. Ela não menciona que o que mais caracterizou a resistência dos cabeludos da Vila não se deu apenas na contestação convencional, mas a partir do arsenal do seu humor – algo intolerável para o poder tanto na Grécia antiga quanto no Brasil da ditadura militar. No fundo, porém, não deixa de ser um discurso libertário convencional – ainda que concedendo um pouco ao que a Vila inventou para si no grupo que a moldou e que transparece de uma forma ou de outra nos cartunistas Paulo e Chico Caruso, no cineasta Hermano Pena, entre outros, e nos artistas plásticos, nos atores e por aí afora. Pode-se, sem muito esforço de imaginação ou demasiado exercício exegético, ver no trabalho da autora uma aproximação da idéia de cidadania, no caso, informada pela reivindicação da Vila Madalena de ser o bairro dos artistas de São Paulo (de parte deles, na verdade), com o direito que é próprio da democracia advinda da Grécia, e que conflui com o que é da condição da arte em todos os tempos e que se resume à liberdade de expressão.

Haveria, a propósito, quem visse nisso apenas uma invenção pífia, sem qualquer contribuição maior da Vila ao que, no fundo, acabou sendo de toda a sociedade brasileira. Pode ser. Mas pode ser também que, por ter sido um dia uma Vila, eis que alguns de seus moradores também participaram do que era próprio da cidade grega – berço da democracia. Em síntese, uma discussão meio bizantina.

Um cineasta, a propósito (e que não quer ter seu nome divulgado), afirma exatamente isso: que a Vila nunca foi um centro cultural no sentido que lhe quis dar Anna Flora com a sua obra. E que a comparação da idéia de cidade e seu bairro – como reduto da resistência democrática – seria apenas o corolário de uma bobagem maior: de que a Vila Madalena poderia ter alguma importância cultural. Também pode ser. Ainda que se releve a própria confissão do dito cineasta que morou alguns anos na Vila de que, na época, ele estava se empanturrando de drogas e que, portanto, poderia não estar sendo inteiramente justo, valem todas as críticas e todas as considerações. Só não valeria a afirmação de que a relevância da Vila seria pífia sob o ponto de vista artístico. Desde que se desconsidere a produção dos artistas da Vila – que obviamente estão nela pelo que ela também oferece –, restaria a consideração pelo que o livro da Anna Flora sugere. É pouco, diria o cineasta. De novo e finalmente, talvez seja mesmo muito pouco. Mas se a palavra cidadania, que, no fim das contas, confere aos vilamadalenenses serem mais do que simples habitantes da vila, for levada a ferro e fogo (e foram anos de ferro e de fogo os da ditadura), a Vila Madalena cumpriu seu quinhão. Não toda a Vila, mas a porção dos que lhe deram a feição que ela acabou tendo. E isso não é pouco.

Para tentar uma conclusão: feitas todas as considerações do que a Vila tem de tal e do que não tem, por nunca ter sido (uma vila), haveria que contar sobre a sua participação na vida da cidade; e não da cidade como um conglomerado de bairros ou de vilas, mas como um corpo político, ou – vá lá – como parte da pólis.

É isso que, em largas pinceladas e com todas as restrições possíveis, pode ser lido aqui ou mais adiante. Sobre o que é a Vila ou o que ela foi, diz-se pouco ao limitá-la a suas fronteiras reais – como as que lhe são dadas pela Prefeitura ou pela geografia algo errática, que é aquela que a restringe a algumas quadras além do bar das Empanadas, até os bares e restaurantes que confluem com o Sumaré e que não terminam na Pedroso de Moraes.

Como se disse e se dirá, um bairro numa cidade como São Paulo pode e é apenas uma ficção com limites, e não os que se inscrevem no subdistrito a que eles pertencem. Assim também com a Vila Madalena, mas não vale a pena dizer que só por isso ela não existiu, ou nunca existirá. Seria apenas um lugar-comum afirmar sobre certos bairros, sejam eles o Soho de Nova York, ou o Boca de Buenos Aires, ou a Moóca de São Paulo, que eles são antes de tudo um estado de espírito. Com a Vila Madalena não é diferente. Mas os homens são espíritos neste sentido do que eles pensam ser, e que é o melhor de si próprios, já é que deles a sua identidade como seres humanos. Digamos, então e em síntese, que a Vila Madalena foi e é um espírito. Conceda-se que não é dizer dela senão o que quaisquer bairros de São Paulo também comentam sobre si mesmos. Mas, ao se buscar um pouco desse espírito, talvez não seja pouco dizer que ele tem tudo a ver com São Paulo. Não aquele que os empresários inventaram – e que é o que a grande imprensa repete; e nem mesmo o que uma certa mistificação do operariado – de resto o valente operariado que ainda resta em São Paulo – pensa também ser o seu e que, aliás, é também o que lhe inventaram – mas o que bem ou mal é da cidade na sua gênese, ou na sua visceralidade, na vida de uma comunidade.

Nada se opôs e se opõe mais ao mito de que São Paulo não pode parar do que a Vila Madalena. Na Vila, São Paulo pára. Sem exageros ou bairrismos (outra vez a etimologia?), é, sem dúvida, a melhor parada de São Paulo.

Sobre os que chegam com a noite e que, apesar das barbas e dos cabelos crescidos, não assustam ninguém — nem os tementes a Deus

"Nunca fomos *hippies*" – diz José Luís Pena –, tínhamos, isso sim, a pretensão de ser contestadores num momento em que o Brasil andava na contramão da história.

De fato, tanto José Luís Pena quanto muitos de seus amigos que foram chegando aos poucos na Vila, se tinham alguma coisa de *hippie*, era o figurino algo insólito. Nada dos cabelos curtos e barbas raspadas do modelo bem-comportado que vigorava entre os nativos da Vila. José Luís Pena era a própria encarnação do novo modelo. Fugido de Salvador, Bahia, onde suas ligações com o partido comunista – o Partidão – já tinham alertado os agentes da polícia, nesta época empenhadíssima em ver conspiradores e revolucionários em todos os lugares, suas alternativas eram as que se punham a quase todos os jovens de então: ou o exterior, que incluía Nova York, ou São Paulo, que incluía todas as interrogações imagináveis – entre elas uma obscura Vila Madalena, decididamente desconhecida da maior parte da população de São Paulo, com a exceção solitária dos pinheirenses, para quem a tal Vila era uma paisagem quase rural, vista desde a Teodoro Sampaio.

José Luís Pena, músico, mas sobretudo um homem ligado às artes, ao escolher São Paulo vinha disposto a qualquer proposta. A que lhe fizeram, no começo, não foi propriamente para trabalhar em seu ofício ao violão — mas para atuar na peça musical de maior sucesso na época e que já anunciava uma rasura sobre os rígidos padrões moralistas do governo militar. Com efeito, no musical *Hair* (de 1973), a despeito da moral e dos bons costumes propalados pela ditadura, homens e mulheres apareciam nus, ao vivo. José Luís Pena era um deles, e Sônia Braga, entre outras, foi uma das que saíram da nudez do Teatro Bela Vista para as telas de Hollywood.

No princípio, ele e sua banda se radicaram na rua Capote Valente, na parte alta do bairro de Pinheiros; mais tarde, a idéia de se juntarem em grupos nos fundos das casas baixas que incluíam uma ou outra edícula construída pelos portugueses e seus descendentes remanescentes dos primeiros moradores da Vila foi aos poucos animando a que mais gente barbuda se lhes juntassem. Nomes como Bendengó passam de imediato a ser associados aos forasteiros que chegavam de longe. E que trouxeram como que a tiracolo pintores, jornalistas, cineastas em princípio de carreira (a Vila chegou a contar com nada menos que seis produtoras durante certo período), além dos artistas de circo — estes uma fauna que, por suas raízes, logo se juntaria aos ecologistas. Dois fatores levam José Luís Pena a considerar o que aconteceu quase um milagre. De um lado, artistas ou arquitetos em busca de ateliês ou escritórios, por exemplo, tinham de considerar a questão dos aluguéis baixos. Isso era a evidência que pressupunha a baixa renda de todos. De outro, porém, teria havido o que, numa análise subjetiva, seria a predisposição atávica dos portugueses e seus descendentes ao que os artistas sempre trazem consigo: uma enorme disponibilidade para tudo o que fosse festeiro.

Aqui um interregno. A se considerarem os precedentes históricos, a palavra "boêmia" nasceu realmente da disposição dos antigos moradores da hoje República Tcheca de se divertirem. Quando a palavra boêmia se alastrou pela Europa, era à região da Europa Central que todos se referiam. Só que cada cidade européia passou a instalar uma "boêmia" em algum lugar, como se o espaço físico pudesse se ampliar, como aconteceu, ainda que com outro nome, em vários lugares do mundo. De qualquer maneira, o termo serviria tanto para distinguir uma região quanto o sentimento restrito de alguns entre os quais os artistas sempre foram uma parte importante.

No mapa da paulicéia, depois do bairro do Bexiga, foi à Vila Madalena que São Paulo viu se dirigirem os candidatos à nova boêmia, ou antes à turma da Vila Madalena. Mas a disposição dos moradores de os aceitarem não arrefeceu nem mesmo quando alguém os confundiu com os propalados *hippies*, e que, gradativamente, foram aos poucos se instalando nos fundos de seus quintais.

Fato pitoresco a confirmar uma boa vontade, inimaginável hoje em dia: os locatários não exigiam qualquer papel para que os sujeitos com suas barbas e as mulheres com suas vastas cabeleiras se instalassem em seus imóveis. Bastava a palavra. Foi, por sinal, do apalavrado, do acertado de boca e do fiel cumprimento do que se tinha fechado que os artistas adquiriram o tal inimaginável, ou seja, a possibilidade de se instalarem nas casas e nos fundos de quintal sem maiores formalidades. O próprio sistema de compra nas mercearias passou a ser feito pela caderneta, como era usança antes da chegada dos artistas. O sujeito marcava suas contas em dois documentos denominados "cadernetas": uma que ficava com o comprador; outra em que o vendedor registrava a compra.

"E fosse como fosse todo mundo pagava a conta no fim do mês", diz Pena.

A dívida em confiança incluía não só a mercearia ou o aluguel, mas o bar. Evidentemente, as coisas convinham aos dois lados. Se para os modestos proprietários das casas o quase *boom* da chegada dos artistas significava um ganho extra, e se aos artistas e agregados o sistema também convinha, à prefeitura e ao Estado policial da época exigia-se, no mínimo, uma certa tolerância. Vivia-se a época do governo Maluf. Quem nomeava os prefeitos, a seguir a cartilha dos militares, era o governador. Ora, se a situação convinha aos proprietários, por que não ao próprio governo?

Um episódio ilustra bem o casamento das conveniências.

Largo de Pinheiros, 1978. Os ônibus vão tragando passageiros que chegam aos magotes dos bairros dos Jardins, de Santo Amaro, de Taboão da Serra, de Carapicuíba, de Osasco – de praticamente todas regiões de São Paulo. Aparentemente, um dia qualquer na cidade mais industrializada da América Latina. De súbito, porém, como se a porteira de um curral mantido em segredo por anos a fio tivesse sido aberta ali mesmo no Largo, começam a surgir vacas. À frente, um jovem professor de economia, na época candidato a político, chamado Eduardo Suplicy, e que havia trazido as vacas do campo, tudo para chamar a atenção dos transeuntes para o problema do leite.

É o caos: logo surge uma viatura da polícia militar. A troca de desaforos entre o Mineiro, ainda hoje auxiliar direto de José Luís Pena, contratado para conduzir as vacas, e os policiais só será conhecida em parte. Há a versão ainda propalada, entre risos, na Vila, de que um dos policiais, armado, teria apontado para pachorrenta e pejada representante fêmea do gado vacum e exclamado: "Mão na cabeça, vaquinha". Não foi bem assim, mas, ao reclamar do Mineiro e do hoje senador Eduardo Suplicy, o comandante da missão policial teria dito tudo, ao sugerir, furioso, aos dois: "Escutem, por que é que vocês têm que fazer isso aqui, no Largo de Pinheiros? Vão pra Vila Madalena, pô".

A idéia de que na Vila se podia o que em outros lugares era proibido ganhava foros de verdade até entre a polícia. A conclusão óbvia era de que, se os moradores antigos da Vila não reclamavam, era porque os tempos e os costumes eram outros, e para alguns "eleitos" – pelo menos para a Vila Madalena e os que nela viviam. A nova boêmia, ou o que quer que o valha, tinha adquirido uma cidadania praticamente impensável para o resto da Paulicéia.

Na Vila, realmente, as coisas talvez fossem mesmo diferentes. Pena conjetura que a chegada dos barbudos e cabeludos com as moças "de poncho e conga" não teria sido tão chocante para a comunidade nativa. A arribada de artistas com suas namoradas ou mesmo dos homossexuais com seus parceiros não seria malvinda e malvista apenas pelo que eles movimentaram na modesta economia local, mas pelo que eles já constituíam com suas tradições, como os presépios vivos trazidos de Portugal e durante anos assiduamente encenados nas festas natalinas. Nesse ponto, José Luís Pena se concede uma espécie de cambalhota mental: os artesãos portugueses trabalharam durante anos na construção do Cemitério São Paulo. Seria de se estranhar que entalhadores, pedreiros, marceneiros reagissem a pintores, atores ou artistas de circo? Seja ou não uma questão pertinente, o fato é que a Vila Madalena acolheu os ditos artistas com a tranqüilidade de quem acredita na benevolência do invasor vitorioso.

Mas nem tudo foram vitórias. Uma das grandes decepções do pessoal recém-chegado na Vila, animado com a tolerância oficial, foi sua tentativa de interferir no uso dos terrenos públicos. Nos altos da rua Purpurina, por exemplo, descortinava-se um mirante natural que poderia se constituir numa praça magnífica. Quando o governo do Estado pensou em construir um fórum no local, houve a mobilização do pessoal da Vila; artistas plásticos, jornalistas, atores, todos se uniram para reivindicar a preservação do local (já a idéia da ecologia urbana começava a ser uma espécie de corolário de algumas posições de esquerda). Houve manifestos, passeatas, gritaria – mas nada. O fórum foi construído. Como compensação, bem mais tarde, em 1989, a prefeitura preservou a praça localizada logo atrás do prédio – mas já, então, era o tempo da administração da petista Luiza Erundina. Foi fácil.

Um interregno lítero-musical: o bloco Sacudavila ou Saco da Vila ou antes uma pergunta: "Que porra é essa?"

Um caso à parte na história da Vila Madalena foram as festas nas casas dos atores, artistas, escritores, poetas, chegados e afins. Ainda que o Sujinho e o Empanadas se constituíssem em salas de reuniões e de discussões – era ali que nasciam as grandes idéias, as desavenças, mas também os namoros –, as casas, com as feijoadas de sábado à tarde ou as comidas baianas, para não falar dos churrascos gaúchos (ou argentinos), acabaram se impondo como "motivos condutores" de quase todas as baladas que acabaram acontecendo. Algumas entrariam para a história, claro que com os ingredientes comuns a todas as reuniões da época no Ocidente, e que supunham sexo, drogas (maconha e bebida principalmente) e *rock'n roll*. No caso da Vila, o samba, as marchinhas de carnaval, mas também uma imensa predisposição para a paródia não foram menos freqüentes. Foi assim que nasceu o primeiro – e único – samba-enredo do primeiro – e único – desfile do bloco Sacudavila, evento devidamente registrado pela TV Cultura, que, com a pouca tolerância da época para certos palavrões e letras de duplo sentido, deve ter se arrependido do tempo que concedeu pela primeira – e única – vez aos novos moradores da Vila Madalena.

Tanto a letra quanto a música não foram concebidas nessas famosas festas, mas no Sujinho, e certamente como prelúdio de uma celebração que não podia ter deixado de acontecer.

A idéia, ou melhor, o "estro", nasceu de uma dupla até hoje famosa entre os mais antigos da Vila, o Eduzão e o Pedrão, e foi inspirada por um fato relativamente importante, inclusive como vitória indireta de uma possível conexão entre a Vila Madalena e a emergência de um cinema que, não sendo novo, não deixava de ser do pessoal que chegara ainda novo, tanto no cinema quanto na Vila.

Tratava-se de comemorar a vitória, em Gramado, do filme *Sargento Getúlio*, do Hermano Pena. A fita fora premiada como a melhor do ano de 1983, e como mote o Eduzão e o Pedrão resolveram adotar uma frase sempre ouvida do Pena. Para tudo e por tudo, Hermano Pena exclamava "Que porra é essa!?". Destarte, desde que a exclamação supunha um fato notável qualquer, os dois compositores desenvolveram a idéia de dar relevância nada menos que ao fato notável mais próximo que lhes ocorria: um buraco no asfalto, entre as ruas Fidalga e Wisard, que se destinava à construção de uma rotatória, mas cuja conclusão vinha sendo persistentemente protelada pela prefeitura. O drama era todo esse: a prefeitura nem construía a rotatória, muito menos fechava o buraco.

Da inspiração à obra, foi uma questão de muitos copos e tragadas, mas de não mais que algumas horas.

Que mais desimportante que um buraco? A resposta foi o "Que porra é essa?" em tudo, disfêmico, mas bem significativo do espírito que comandava então os recém-chegados na Vila. À parte o fato de ser uma paródia, o samba é um indicativo do nível cultural de seus autores, ou antes, do quanto a impregnação de um espírito crítico permite uma releitura quase que metalingüística de certas manifestações populares.

Isso já estava mais ou menos presente no "Samba do Crioulo Doido" do Stanislaw Ponte Preta, concebido poucos anos antes. O título já dizia tudo: na referência a um samba-enredo, seu autor nem precisaria qualificá-lo. Sob certo ponto de vista, todos os sambas-enredo são mais ou menos amalucados. A história encerrada num enredo histórico permite um sem-número de interpretações, e é o que lhe dá o encanto: nada mais saboroso do que a recontagem da história pela lente do povo, com tudo o que isso possa significar.

No caso do Sacudavila o que seus autores buscaram foi o contrário: um fato resolutamente especioso, ligado à exclamação de um cineasta amigo a ser homenageado. À primeira vista, como foi dito, nada menos relevante do que um buraco numa cidade como São Paulo, onde eles são abundantes até por necessidade da própria manutenção urbana. No entanto, não existem buracos que não signifiquem alguma coisa numa cidade como São Paulo. Da irrelevância do fato, porém, o Eduzão e o Pedrão extraíram o máximo de ironia, transformando-o num "fato histórico", o que, por sua vez, reduziu a história oficial então pregada pelos militares às suas verdadeiras proporções – igualmente uma bobagem, uma farsa. A graça do samba-enredo é essa – mas, mais que a graça, o seu alcance, a aguda crítica que existe nele e que tem menos a ver com a irresponsabilidade da prefeitura municipal, que não cumpre a sua função, e mais com a disfunção de uma realidade assustadora – muito maior, de completa alienação, a que não só a Vila, mas todo o Brasil, estava submetida durante o regime militar.

São ilações. Se perguntarem ao Eduzão e ao Pedrão quais suas intenções com a letra da música, eles acharão perfeitamente idiotas quaisquer conclusões outras do que a de terem o dom de fazer rir. Mas na própria eleição, tanto do mote quanto do valor temático de um buraco, há um deboche, um espírito satírico que atinge o cerne da questão.

Óbvio que se o tema fosse diretamente político, e que se a música tivesse uma maior repercussão, como era com as composições de Chico ou de Caetano Veloso, é mais que evidente que a censura da ditadura agiria. Diante, porém, do que as autoridades consideraram irrelevante, os autores do samba lograram o que queriam, ainda que no âmbito restrito da Vila Madalena. No fundo, porém, eles atingiam o sistema no que ele menos tolera, que é o ridículo, mas em torno do qual o sistema também não tinha nada a objetar, a não ser naquilo que os dicionários chamam de chulo.

Diga-se a propósito que durante aquele período qualquer palavrão reunia contra si todo o aparato da ditadura. A possível relação freudiana, que o governo teimava em ignorar, entre a escatologia aberta e uma perversidade devidamente construída pelos censores do regime tinha sempre a prescrevê-la o aparelho estatal. Todos sabiam que palavras como "porra", "merda", "puta" e expressões do gênero, quando muito, eram apenas e tão-somente rudes, disfêmicas. Ninguém com o mínimo de conhecimento podia pôr em dúvida a sua existência devidamente dicionarizada. Mas se tratava justamente de manter a mentira maior do regime sob estreita e estrita vigilância. E há que se considerar que os palavrões desnudassem essa mentira. Compreende-se, perfeitamente, em suma, que nem ao menos a palavra "merda" pudesse ser livremente proferida ou escrita publicamente, embora sua persistência se dê como o testemunho mais evidente da existência de seres vivos num lugar qualquer.

Um episódio que, a rigor, não teve nada a ver com a Vila e a sua disposição de arrostar a censura é, no entanto, bem ilustrativo sobre o clima da época. Deu-se bem antes durante as eleições então devidamente toleradas e em que a oposição podia tudo, menos criticar o regime. Dois eram os partidos disputando um lugar no parlamento: a Arena (Aliança Renovadora Nacional) — que era da situação (leia-se: do governo) — e a oposição consentida, no caso representada pelo Movimento

Democrático Brasileiro (MDB), e que reunia desde moderados liberais até comunistas notórios. Como se tratasse de eleições, previsível que acontecessem as pichações de sempre. Só que numa delas as próprias paredes do Museu de Arte de São Paulo (Masp) foram diretamente emporcalhadas. Ao lado da sigla Arena, alguém se lembrou de escrever MDB. Para o diretor do Masp, Pietro Maria Bardi era o cúmulo do desrespeito. E como o professor Pietro Maria Bardi, achasse justamente isso — "o fim do mundo" —, por conspurcar, na sua visão, precisamente o que de melhor a cidade possuía, não hesitou em apor às siglas dos dois partidos a incoercível e conhecidíssima palavra "Merda" — bem visível. Ora, fosse como fosse, o professor Bardi certamente estava incorrendo contra a moral e os bons costumes (nunca se definiu, no Brasil, o que seja uma coisa ou outra). E como a polícia o surpreendeu exatamente em seu ato de protesto, em plena luz do dia, não houve alternativa: logo o professor Pietro Maria Bardi era conduzido para dentro de um camburão e levado à chefatura para a abertura do competente Boletim de Ocorrência.

Para a polícia, foi apenas um ato de rotina. Mas para grande parte da opinião pública, devidamente inflada pela televisão e pelo rádio, foi um choque que, de imediato, teve repercussão, inclusive internacional. Pietro Maria Bardi era então uma das figuras mais respeitáveis do mundo das artes latino-americanas, sendo conhecido internacionalmente por seu trabalho não apenas de construção do Masp, mas pela organização de seu acervo — um dos maiores e mais completos das Américas.

Como é de se imaginar, além do ridículo, o incidente acabou não tendo maiores conseqüências. Diante da avalanche de jornalistas, a começar pelas agências internacionais que logo se dirigiram para a chefatura, o delegado assustado relaxou a prisão do museólogo. No dia seguinte, porém, pela primeira vez na grande imprensa brasileira, a *Folha de S.Paulo* estampava em manchete de primeira página a palavra "Merda".

Que, em suma, ganhou foros de urbanidade e não por induzir aos maus costumes ou depor contra a moral pública, mas por consignar a existência da expressão, tanto na relevância gráfica que lhe deu Pietro Maria Bardi quanto no fato algo simplório de que o produto existe, e como corolário da própria existência humana.

No caso do "Que porra é essa?", feito posteriormente ao episódio do professor Pietro Maria Bardi, também não aconteceu nada. Mas, quando o pessoal da Vila inventou um bloco carnavalesco que, afinal, acabou desfilando na rua Teodoro Sampaio (na época não havia sambódromo), houve a boa vontade da TV Cultura em filmar o grupo, anunciado pela TV como sendo dos "intelectuais e artistas da Vila Madalena". Claro, o cantor que interpretou a música, omitiu o tempo inteiro a exclamação tomada do Hermano Pena. Desconfia-se que o intérprete, contratado pela TV Cultura para puxar o samba-enredo, manteve seu emprego nos quatro dias de carnaval graças à boa idéia de emudecer no momento mais explícito da letra. Ademais, não houve gravação alguma do que, a rigor, poderia bem merecer um CD, ou coisa que o valha. Para quem quer que conheça algumas das letras do Eduzão e do Pedrão, terá de conceder que poucas vezes a Vila teve tanta graça; e, se não é de grande monta o número dos que pensam que a Vila Madalena teve uma produção cultural importante, são sem conta os que consideram as músicas da dupla algumas das sátiras mais interessantes que já se fizeram na Vila ou fora dela. E pelas razões que não são apenas do palavrão dito em forma de um samba-enredo — de resto uma síntese bem lograda do que são os sambas-enredo, mas por se reportar a algo muito especial e até ali ainda inédito em sambas-enredo, isto é, a nada menos e nada mais que à arqueologia.

Samba-enredo a partir da história? Não, samba-enredo a partir da arqueologia e da paleontologia — nada menos que a história da história.

Em 1984
Um glorioso arqueólogo
Descobriu entre a Fidalga e a Wisard
Uma catacumba milenar
Chamaram todos os neguinhos
Um, dois, três
E começaram a cavoucar
Estouraram a tumba
E do fundo do poço
Ouviram um grito
De arrepiar

Que porra é essa
Exclamou o Faraó
Ô, ô, ô
Tira a mão das ataduras
Me devolve a dentadura
Senão eu viro pó
(bis)

(refrão)

Na tal de Vila
Todo o mundo bebe
Na tal de Vila
Todo o mundo fuma
Na tal de Vila
Todo o mundo come
E depois da meia-noite
Nóis viremo lobisome

    Talvez se devesse acrescentar que as alusões tanto ao pó — à cocaína —, quando o Faraó pede que não lhe tirem as ataduras "senão eu viro pó", quanto à maconha — "na tal de Vila todo o mundo fuma" — pudessem ser flagradas pelas autoridades, como indução ao consumo de uma droga ou de outra.

Mas havia um faraó na história; aparentemente as coisas se faziam em torno de uma grande bobagem. Ninguém se deu ao trabalho de fazer as ilações que a letra, de resto, sugeria de forma explícita. Era sutileza demais para a censura.

Sobre os comedores de criancinhas, mas também de moças e — por que não? — de maconha, de bolinhos de arroz etc. etc.

> *Na tal de Vila*
> *Todo o mundo bebe*
> *Na tal de Vila*
> *Todo o mundo fuma*
> *Na tal de Vila*
> *Todo o mundo come...*

(Trecho do samba-enredo "Sacudavila".)

Assim como para certas seitas católicas e protestantes tudo o que é ruim tem a ver com o diabo – dos programas de TV à intoxicação alimentar –, houve um tempo em que os militares de 64, à falta de outros culpados para as mazelas do país que eles governavam com mão-de-ferro, passaram a imputar tudo ao comunismo. É muito provável que nos fins dos anos 1970, por obra e graça da oferta de tóxicos – do álcool à maconha – e dos aluguéis baixos, a Vila Madalena reunisse, de fato, em suas muito maldormidas noites, mais comunistas – ou gente de esquerda, ou anarquistas, ou indiferentes, ou bêbados, ou todo o resto que se possa imaginar – do que quaisquer outras noites em outros pontos de São Paulo. Muitos provinham da Universidade de São Paulo, do outro lado do rio Pinheiros. Um número bastante grande saía dos fundos dos quintais da própria Vila. E outros, claro, eram de São Paulo, do Brasil, ou mesmo da Argentina, do Uruguai, do Chile. Como se tratasse de jovens que, de qualquer maneira, viviam a plenitude da sua sexualidade (algo que, para a ditadura, não se devia à natureza, mas ao projeto erótico-comunista), tudo se encaixava no modelo que, se hoje tem a cara do diabo e do anticristo, na época só podia ser coisa de comunista. Foi assim com o Bar da Terra.

O nome já dava para desconfiar. Que mais suspeito do que um bar que se chamava "da Terra"? A se crer na demonologia política de então, o que não proviesse do céu (e os golpes promovidos pelos Estados Unidos, tanto no Brasil quanto no Chile e na Argentina, por serem abençoados pelo catolicismo oficial, provinham do céu) só podia sair das entranhas da Terra, quer dizer, do inferno. O próprio discurso ecológico, por ser antipatriótico, por atentar contra a industrialização então promovida pelos militares, tinha tudo de subversivo, vale dizer, comunista embora o próprio Partido Comunista Brasileiro, o PCB, fosse também contra o discurso ecológico.

Em resumo: nada explicava que Mara Ramussen Azenha decidisse fazer uma conexão entre seu signo de Touro, que, segundo o horóscopo, está ligado à terra, com o bar que ela decidiu abrir na rua Mourato Coelho, juntamente com um sócio, também do signo de Touro.

Sob este e outros aspectos, tudo conduzia mesmo à suspeita do regime.

Mara não era propriamente simpática à ditadura militar. Antes de partir para a França, com uma bolsa de estudos que a levaria à Sorbonne a fim de estudar grego antigo, ela e seu ex-marido tinham abrigado alguns perseguidos políticos em sua casa. Como no caso da maior parte de seus colegas da Universidade de São Paulo, os militares também não contavam com a sua simpatia. Ademais, porém, na França, para onde se deslocou, seu interesse acabou se focando menos no grego do que na cozinha. Foi lá que ela começou a inventar pratos que podiam lhe render dividendos entre muitos brasileiros, em sua grande maioria tão desprovidos de recursos quanto ela. E foi na casa da atual esposa do ministro de Relações Exteriores do governo Fernando Henrique, Mary

Macedo de Camargo Neves, hoje Lafer, que ela começou a preparar o *gêiser*, uma receita à base de moela de galinha (acessível a qualquer bolsa até mesmo em Paris) e que, numa certa medida, compensava a sua hospedagem no pequeno apartamento da amiga. Como Mary estava em dívida com amigos por conta de alguns almoços e jantares, em tempos de vacas magras, os recursos culinários de Mara com os parcos recursos pecuniários de ambas redundaram em reuniões memoráveis. O resto é mais ou menos previsível. De volta para São Paulo, ela tinha duas opções: ou habitar na Vila Madalena como tradutora de francês e grego – atividade não muito rendosa que a mobilizou durante certo tempo a uma vida sedentária –, ou partir para as aventuras também culinárias que a Vila dos fins dos anos 1970 já comportava.

A essas alturas o regime militar entrara em francos estertores. E os grupos opositores não-oficiais, atuando à margem do que o regime permitia, começavam a surgir em vários setores. Um deles, nascido nos meios acadêmicos, foi a Libelu – Liberdade e Luta –, um grupamento universitário heterodoxo com uma ideologia que ainda hoje desafia definições, apesar de sua proximidade com a IV Internacional, vale dizer, o trotskismo. Na época, havia os trotskistas de sempre que se opunham ao partidão (PCB), até então um grupo mais ou menos hegemônico que não entrara na luta armada; havia os grupos armados que tinham sido trucidados pelo regime militar e, por fim, alguns grupelhos vagamente socialistas, vagamente anarquistas de que pouco se sabe. Difícil dizer-se a qual deles se alinhava a Libelu. Uma coisa é certa: em seus curtos oito meses de existência, o Bar da Terra, se não era, passou à história como o "bar da Libelu". Mara era da Libelu e a maior parte de seus amigos também.

O que distingue, porém, um bar da Libelu de outros bares da Vila Madalena? Se a inauguração de um bar diz tudo, o tudo que o Bar da Terra disse foram os quase quinhentos convidados no dia da sua inauguração.

Não há registros conhecidos sobre esse dia memorável. O que há é a memória dos sobreviventes. Um deles, o escritor e jornalista Jorge Caldeira, o Cafu, aventa a hipótese de que o Bar da Terra só granjeou sucesso por um motivo etílico-sociológico: a ruptura ideológica entre os freqüentadores do "bar Riviera", ocorrido no final dos anos 1970, que opôs comunistas clássicos (do PCB e do PC do B) contra o pessoal da IV Internacional, os trotskistas. À falta de um local para conspirar contra o regime, com um mínimo de unanimidade, os dissidentes trocaram o chope do Riviera, situado na região da Paulista, a quilômetros da Vila, pela cerveja do Bar da Terra, na Vila. A tais fatores de caráter, digamos, ideológicos, alguns observadores levantam conjeturas que só podem ser explicadas pela idéia de que, no Brasil, mesmo na ditadura, certos grupos da classe média eram felizes e não sabiam. O principal deles é a constatação inestimável de que, na época, a Aids não grassava como iria acontecer mais tarde. Admite-se que a repressão severa do regime a toda e qualquer manifestação tinha na atividade sexual mais ou menos desenfreada da moçada a desforra altamente compensatória que todos não só perseguiam, mas que tinham a certeza de merecer.

No entanto, discutia-se também, e muito. Cada mesa do Bar da Terra, como em todos os bares da Vila, cevava-se na fumaça dos cigarros, nas cervejas e na pinga; ao contrário, porém, de outras mesas de outros bares espalhados pela Vila, no Bar da Terra as discussões eram sempre acaloradas e em torno de temas que pouco tinham de futebol, sexo ou amenidades do tipo.

Assim como Euclides da Cunha, comentando sobre a rua do Ouvidor, no Rio, considerava que ali se pretendia resolver o mundo, no Bar da Terra cada mesa tem a solução definitiva para a manhã seguinte, que, aliás, quase ninguém verá. Dorme-se quando a Vila começa a despertar. O próprio horário de funcionamento do bar é favorável a que os debates se prolonguem madrugada adentro, enquanto houver debatedores.

Nos antípodas do Sujinho, o Bar da Terra tem a pretensão de ser sobretudo uma trincheira ideológica; debate-se a sociedade, discute-se filosofia, confrontam-se teorias sociológicas recém-saídas das livrarias da cidade. No fundo, é um bar de acadêmicos. Enquanto em outros bares e botecos, os artistas, eles próprios, vão confrontando seus feitos entre goles, os cineastas expondo seus argumentos, os pintores falando de seus quadros, os escritores comparando seus textos, no Bar da Terra as cervejas desatam as últimas teorias. É como se a Sorbonne fosse do outro lado da rua. Talvez o Bar da Terra seja o último grande momento, no Brasil, do resto de algumas teorias francesas. Neste sentido, o Bar da Terra, pelo menos para os que tinham estudado na França, seria o derradeiro suspiro nostálgico de uma Paris já ultrapassada, antes do advento da patrola ideológica norte-americana (a que muitos ex-freqüentadores do Bar da Terra irão aderir, ressentidos com a sua própria ingenuidade de não terem percebido, a tempo — para um emprego bem remunerado, evidentemente — a grande guinada da história).

Pouquíssimos eram comunistas. Logo, ao contrário do que o regime militar pensava, nem todos comiam criancinhas. Quanto às moças, porém, sempre sobravam algumas entre um ou outro gole. Ou, fora do bar, entre uma tragada e outra. Ou depois dos fofos bolinhos de arroz, uma das especialidades da dona do bar.

Então, um dia, baixa a polícia.

Na verdade, não foi tão de supetão assim. Mara Ramussen Azenha, nesta época, morava com seu então marido nos fundos do bar. Era o outro lado do mundo, e quem sabe a causa maior da desgraça que já se anunciava.

"Imagine-se um espaço mais ou menos grande como uma garagem que tem, ao fundo, uma capela. Esse era o Bar da Terra. Era nela, na capela, que eu e meu marido íamos dormir, depois de fechar o bar" (sic).

Uma capela de verdade, com santo e tudo? A se crer em Mara, não apenas santos, mas anjinhos pintados na parede.

A cama do casal ficava no lugar reservado ao altar. De início, a coisa pareceu-lhes apenas surrealista; e era. O local tinha sido da Igreja Ortodoxa Grega. Quando Mara e o marido o alugaram para construir o bar, havia a suposição de que o recinto estivesse plenamente desimpedido. Na parte da frente tudo bem: foi nele que seu ex-marido e outros arquitetos começaram a projetar a reforma para a construção do bar. Mas na parte de trás... Impunha-se que um padre o dessacralizasse, convertesse o recinto ao que ele deveria ser em seu começo, livre dos sortilégios de uma capela abandonada. Pois, se não fosse mais de Deus, quem garantiria que não acabasse sendo do próprio demo? Como se sabe, bares e templos não são muito compatíveis. Mesmo para alguém que, sendo da Libelu, nem por isso deixava de ter lá seus respeitos, ou antes, desconfianças: "Yo no creo em brujerias, pero que las hay...", repete Mara.

Se seus cuidados eram ou não pertinentes, vários fatos assombraram a existência do bar. A primeira se fez sentir sobre o então marido de Mara. Ele bebia pouco e não fumava; mas uma noite, aos berros, acordou-se jurando ter avistado uma mulher com um véu negro rondando a sua cama. Não foi tão grave: o Bar da Terra ia de vento em popa, o casal mudou-se para um apartamento, relegando à mulher do véu a capela mal exorcizada.

O acontecimento seguinte deu-se mais em conformidade com o país — aparentemente nada a ver com fantasmas, mas com a ditadura. Uma vez que as conversas das mesas se detinham principalmente na política, ou melhor, contra a política dos militares, deu-se que alguém avisou a polícia. E como a polícia aguardasse alguns bons resultados das suas sondagens, calculando o que poderia acontecer, chegou nada menos que com um ônibus. Foi nele que a PM acabou enfiando todo mundo que não comprovasse ter um emprego regular. Na época, não ter emprego era crime. Supunha-se que quem não andasse com carteira assinada ou era um criminoso ou, no mínimo, um comunista vivendo a soldo do ouro de Moscou.

Mara não foi presa: era dela o bar que a polícia invadiu; mas o resto dos freqüentadores, ou boa parte deles, passou a noite na cadeia. Até aí tudo muito condizente com os métodos da ditadura. Mas ficou a expectativa dos maus fluidos. E quando, por fim, numa noite, o filho de um delegado promoveu uma briga monumental que acabou envolvendo todo mundo no bar, que ficou todo quebrado, Mara desistiu do negócio. O que a ditadura não conseguiu, os bagunceiros lograram fazer. O único bar que a Vila teve com um viés político acabou não só por seu viés, mas pelo que a época previa.

Mara começaria uma vida nova em Ilhabela, a Libelu deixou de existir, o Bar da Terra terminava, literalmente, "sem retrato, sem bilhete, sem luar, sem violão".

Com o fim do Bar da Terra, desaparecia o único interregno político em forma de bar que a Vila Madalena jamais teve.

Ímpares empanadas

Para que Ana
Exilada
Tivesse de volta o Carlito
O Hugo, desde a Vila Madalena,
Bolou uma trampa
Atilada
E sutil
O Carlito chutou la pelota
Que
despacito
Atravessou o Paraguai
E pela ponte torta
Chegou até o Brasil

E como, empós a bola,
Veio o menino Carlito
Mãe e filho
Com argentino grito

As mãos, por fim, reatadas,
Em plena Vila Madalena
Festejaram, juntos
Do exílio
O sabor
A ímpares empanadas
Que valeram ao Hugo
Ao Javan, ao Eduzão e ao Pena
O saber
O quão serenas
Podiam ser
As loucas noites
Madalenas

Esquina das ruas Harmonia e Original, década de 1940.

Rua Harmonia, década de 1940.
Nas páginas 106 e 107, vista aérea da Vila em 1950, em foto tirada pelo piloto Antônio Landi, morador do bairro.

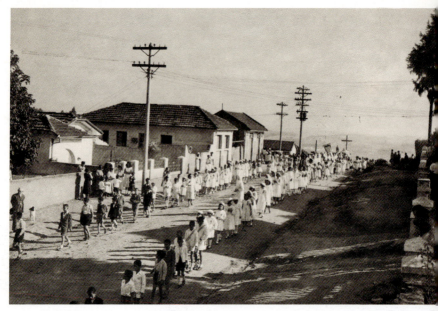
Procissão pela rua Girassol, 1951.

Capela da Vila Madalena, contruída pela comunidade, em 1949.

Bonde descendo a rua Fradique Coutinho, na altura da rua Aspicuelta, no início dos anos 1960.

Esquina das ruas Mourato Coelho e Wisard, 1951.

Esquina das ruas Fradique Coutinho e Wisard, onde se vê o Bar Empanadas, na década de 1990.

Na mesma esquina, moradores do bairro, década de 1990.

Trupe circence na primeira Feira da Vila, 1980.

Performance em bar, anos 1980.

Entrada do Teatro Lira Paulistana, na praça Benedito Calixto, 1981.

Mamá, todo cabeludo é bicha?

Ana olha para o filho. A única resposta que lhe ocorre é o silêncio.

Há uma pausa de quase vinte anos desde a pergunta de Carlito. Carecia dizer-lhe que a importância das coisas não estava na aparência e que, afinal, depois de tanto tempo como que amuada por sua reclusão, ela aos poucos ia compondo um quadro mais completo do país que a acolhera de seu exílio da vizinha Argentina? E que a sexualidade, fosse qual fosse, pouco ou quase nada respondia sobre as outras coisas que a intrigavam então no Brasil? O tempo, também aqui, talvez desse a resposta. Não a que Carlito perseguia: era evidente que, mais cedo ou mais tarde, desistiria de classificar as pessoas pela sexualidade, que era o que lhe sopravam seus coleguinhas de colégio. Mas quem sabe também a resposta se ampliasse como se fez, paulatinamente, dentro dela ao longo dos anos em que foi se adaptando à Vila Madalena.

Quando desembarcou na Vila, no início dos anos 1980, vindo, sucessivamente, primeiro da Argentina, depois do Paraguai e, por fim, apenas e tão-somente do bairro do Paraíso, já em São Paulo, muito do que seu filho lhe punha, sem ser senão, ele próprio, uma parte de seu passado – aquele que o filho de uma viúva exilada pressente –, seria, em outra dimensão e na sua simplicidade infantil, o que ela mesma se fazia. Para um exilado o que importam são as diferenças – o outro mundo que se lhe apresenta pode ser o olhar sério e quase inquisidor do vizinho do apartamento da frente. A idéia algo comum de que os homens são, no fim das contas, iguais não impede o receio de uma outra cultura, de outros interesses e o pior, o difícil de ter uma idéia – uma vaga idéia, ou antes uma certeza criada a partir da invenção do que seria um país como o Brasil – visto desde a Argentina, e tê-lo, um belo dia, ou numa manhã fria e chuvosa, nu e cru com seus hábitos: o cheiro do tempero, a moça estranhamente bela que passa com os dois filhos numa conversa espantosamente diferente do que faria uma mãe em Corrientes ou em Buenos Aires.

As diferenças são realmente fundamentais. Do Rio de Janeiro ela sabe o que a imprensa Argentina lhe dá com a pressa de toda imprensa em todos os lugares do mundo; e não sem uma certa dose de exageros ou de lugares-comuns. As mulheres do Rio são mais livres, fazem de seu corpo o que bem entendem, mas principalmente o que se lhes dá ao se exibirem quase nuas pelas praias. Surpreende-se que, de fato, seja como se vende algures – que as mulheres realmente sejam donas de seu corpo – que os exponham livremente aos olhares dos homens. Mas onde a superação da desigualdade se quase todas que ela conhece – e fala-se aqui do fim da década de 1970 – dependem do bolso do homem – já que as moças, as mulheres jovens tão belas e expostas, não acrescentam à autonomia de sua auto-exposição a sua independência econômica?

No bairro do Paraíso, já em São Paulo, nada é edênico. Um dia Carlito, de volta da escola, na ingenuidade de seus 4 anos, expõe-lhe as dúvidas de que seus coleguinhas realmente gostem dos argentinos. Ele inventou uma palavra espanhola e portuguesa na ânsia de angariar amigos entre seus colegas crianças: *hermamigos* – do espanhol *hermano*, irmão, e do português *amigo*. Nada de respostas muito positivas deles; seja porque naquela parte do Paraíso ninguém dá muita bola para argentinos, seja por outra razão qualquer, a criança se queixa da hostilidade. Eles lhe sugerem que os argentinos são gente orgulhosa, insinuando uma arrogância que só seus pais explicam.

Quando Ana se associa a um amigo para trabalhar na Vila Madalena, explorando um bar – a reivindicação mais ou menos constante que se faz àquelas alturas em quase todos os lugares do bairro –, a primeira idéia é matricular Carlito numa escola paga. Na primeira e única conversa com a professora, porém, a idéia é logo deixada de lado. Iria lhe custar manter o menino na escola, sem dúvida. Mas o pior é quando se acerta a matrícula. Um carro pára na frente do colégio e a professora, pressurosa de agradar à criança e sua mãe, apontando para o menino que desembarca, informa-lhe que Carlito o terá brevemente como colega de classe. O menino, futuro candidato a amigo de Carlito, vai todos os dias de motorista para a escola. A marxista que existe em Ana logo antevê o choque. Resolve colocar o filho numa escola pública da Vila Madalena. A história começa a enveredar pela adaptação mais ou menos fácil do menino: sua fala algo arengada que mistura português com espanhol não parece afetar muito suas relações com as outras crianças. (Só num aspecto Ana lamenta o que sucederá nos anos que se seguiriam: Carlito fala perfeitamente o português, escreve bem e não se ressente de qualquer problema quando volta à Argentina, não perdeu o espanhol da infância. Mas, se seu português é perfeito na fala e na escrita, seu espanhol escrito não será dos melhores. Ana conjetura que se o português e o espanhol são línguas irmãs, quase iguais, é uma ilusão pensar que as pequenas diferenças sejam facilmente superáveis: português e espanhol são muito diferentes exatamente pelas parecenças.)

Até aí tudo mais ou menos como o previsto. Foi o que lhe reservou o futuro, mas, para Ana e seu retorno no tempo, a realidade, agora, é a Vila. Resolve sair do outro bairro e alugar uma casa mais próxima do Empanadas: Carlito pode jogar futebol em plena rua sem maiores cuidados. No mais, as empanadas que vende logo se tornam um momento decisivo na história da Vila. Diz-se que o paladar é que marca parte dessa história: na Vila Madalena haveria um antes e um depois das empanadas. Ou melhor, do bar das Empanadas.

No entanto, Ana estranha a gente que o freqüenta. O bando de malucos são a antítese do que seu senso crítico de marxista militante define como conseqüentes. A contestação pela liberdade sexual e pelas drogas parece-lhe obviamente alienante. Há, contudo, um que de carinhoso no libertário e algo que a encanta na disposição pacífica de quase todo mundo da Vila. Talvez o que lhe seja estranho é o que sua reclusão obstinada, para esquecer um passado que todos os exilados têm, mesclado à saudade — palavra que certamente passa a fazer parte de seu recente vocabulário português — lhe impõe. Seja como for, ela se persigna em seu trabalho no bar. Isso até o dia em que seu ouvido começa a lhe revelar um outro tipo de descoberta. Não são as palavras que lhe gritam à razão, ao olhar de reconhecimento de um Brasil secreto, é a música.

Na Argentina, Ana conhecia o Brasil musical por Chico Buarque de Holanda, com suas letras contestatárias que valiam para toda a América Latina infestada de ditadores fardados e sanguinários. É assim tanto com Chico Buarque como com Elis Regina, e assim tanto com Elis Regina como com Vinícius de Moraes e Toquinho e assim tanto com os dois, como com João Gilberto. É quando lhe sobrevém Caetano Veloso com seu disco *Velô*.

Imagina-se que as coisas não tenham chegado numa bela manhã de abril ou numa noite serena e fria de junho, numa festa qualquer com alguns argentinos que se juntam aos amigos brasileiros na escuta mais atenta na casa de um deles.

A Vila agora é uma festa. Pode-se pensar em tudo, inclusive no desejo de descobrir algo mais do que dizem os compêndios do coração — ou vai ver que foi ele mesmo quem lhe sussurrou a coisa nova, o sentimento de um Brasil inadivinhado e justamente na Vila?

A resposta vai se compondo aos poucos. Um dia, a convite de José Luís Pena, Ana resolve passar alguns dias em Salvador, na Bahia. Talvez seja esse um dos pontos de interrogação mais evidentes sobre a Vila Madalena; a relação entre a Bahia, especialmente Salvador, e seu propalado hedonismo, muitas vezes até caricato, e o molde que a Vila vai assumindo, mas aí com o aporte não só dos baianos, mas do resto — os argentinos, os mineiros, os nordestinos de todo o país, os nortistas, os gaúchos e até os paulistanos —, não será, no frigir dos ovos, uma das respostas sobre a gênese da Vila? A malemolência regada a cerveja e a cachaça, devidamente incensada tanto pela maconha quanto pelo próprio incenso (na Vila não são poucos os que agora seguem o ideário da vida alternativa, tendo a Índia como modelo), parece compor um quadro perfeito do que, àquelas alturas, para o pessoal mais politizado, mesmo da Vila, seria apenas um sibaritismo inaceitável, inconcebível para um mundo conturbado e repressivo. Para Ana, porém, embora se contasse entre os primeiros críticos severos, a nova realidade começa a ser, afinal, exatamente a outra forma de protesto: o jeitinho, o relaxamento, o deixa estar ou, mais precisamente, o "deixa rolar". Talvez fossem eles a outra forma de atingir a rigidez do sistema na sua casmurrice e naquilo que nas palavras de Chico Buarque seria o oposto do que os militares fizeram em quase toda a América, claro que devidamente convertidos pelo protestantismo anglo-saxônico dos Estados Unidos, e que se resumiria, em suma, à "invenção do pecado".

De qualquer maneira, as respostas são difíceis. Mas o tal bando de malucos logo lhe parecerá também iluminado; e nem tanto pelas drogas quanto pela santa loucura da paz e da tolerância. No fundo, ela agora compreende: eles e não só os políticos ou os guerrilheiros estão do outro lado dos homens de cabelos cortados rentes, dos executivos então muito prestimosos na obediência à cartilha dos militares instruídos em West Point e de seu capitalismo de caserna. Os cabeludos libertários da Vila não são revolucionários de mão armada. Eles apenas convulsionam os hábitos, principalmente os maus hábitos. E a intolerância.

A verdade é que agora já a história vai longe. Não será nas noites calmas e quentes de Salvador, sopradas pela brisa do mar, que as imagens das suas amigas da Vila Madalena começarão a ser recompostas em mulheres que amam livremente, sem cartilhas, mas que não se desfazem justamente de seus afetos, e que estendem, afinal, a tolerância e a paz como mote das suas relações com seus filhos — meninos e meninas, companheiros do seu Carlito? Não haverá aí uma sabedoria recôndita, a certeza agora sem falsos dilemas de que o carinho, o beijo, o abraço são a resposta também desalienante aos milicos e ao imperialismo tão amalgamados entre si na consideração de que o tal "Paz e Amor" dos *hippies* e dos da "tal de Vila" são incompatíveis com o ser humano, lobo de si próprio, que eles inventaram?

Numa das manhãs radiosas de Salvador, um copo de caipirinha na mão (quem sabe?), conversando relaxadamente com o irmão do José Luís Pena, que a acolheu em sua casa, Ana se convence de que a Vila foi, ao fim e ao cabo, o que de melhor poderia ter acontecido em sua vida. E não deixa de rir ainda hoje com a revelação feita pelo irmão de seu amigo: "Sabe de uma coisa? Você é a primeira argentina simpática que eu conheço na vida".

Ana não se dá ao trabalho de se esfalfar em considerações sobre o que os argentinos pensam dos brasileiros sem conhecê-los, ou do que o irmão de seu amigo da Vila Madalena desconhece dos argentinos para generalizar de forma tão radical a impressão que lhe deixam os castelhanos que aportam em Salvador, algo assustados com as diferenças que os jornais lhes sopram serem muitas, e intransponíveis. Ana compreende-se argentina sem deixar de ser brasileira. E já na Vila vê-se brasileiramente a trocar confidências com as amigas tão sábias em seu despojamento a partir de uma visão bem mais terna da vida. A resposta maior, porém, virá de Carlito.

Tudo se passa pouco tempo depois da pergunta irrespondida. Ele está sentado à frente de uma das mesas do bar Empanadas com uma bola de futebol debaixo do pé. É a melhor pose que encontrou para se mostrar a seus amigos que passam a sua frente e com os quais ele jogou futebol o dia inteiro. É um atleta muito pimpão em seu jeito de grande jogador, exaurido por um dia inteiro de jogadas indeléveis para a história do futebol internacional, já que ele é um argentino que nunca cessa de mostrar sua classe para seus amiguinhos brasileiros. Está assim, numa pose para a posteridade, e nisso aparece na sua frente o José Luís Pena. É o protótipo dos tais cabeludos sobre os quais se dizem tantas coisas. Está com os cabelos imensos soltos ao vento, as barbas de matusalém de um quase troglodita não fossem as suspeitas sobre os cabeludos. Além do mais, está de *short* — o que é um despautério: em Buenos Aires ou Corrientes ele seria preso por atentado ao pudor. O homenzarrão lhe sorri e, antes que ele tenha tempo de reagir, toma-lhe a bola e começa a fazer embaixadas mirabolantes: a bola sobe e desce como se grudada a seus pés. Quantas vezes a bola será conduzida do pé à cabeça, sem cair? E o charles? E a tacadinha de calcanhar levantando a bola sobre a cabeça para repô-la exatamente no peito do pé? E a matada no peito, com a bola sempre no ar? Não, Carlito jamais imaginaria que o amigo de sua mãe tivesse sido jogador de futebol e que dominasse tão bem a bola.

Foi quando Carlito cessou de querer saber se os cabeludos da Vila Madalena eram bichas.

No bar do Gérson e de como o Jonas não soube rezar a Ave-Maria na hora de nossa morte, amém

No bar do Gérson – um enclave da velha Vila Madalena postada entre a Natingui e Delfina – todos o chamam de Senhor Luiz. A senhoria se deve ao tempo que passou desde que Luiz tinha 7 anos; e quando chegou na Vila pela primeira e única vez. Mas é também um preito bem mais que à idade. Talvez a sabedoria calma, a uma placidez que nem a pinga, sorvida pausadamente, consegue embaralhar, seja mesmo o jeito do Senhor Luiz. Quando se lhe pergunta sobre a velha Vila Madalena, as histórias são comuns: a chácara com as casas dos portugueses, o porco como princípio da manutenção de muitos deles, que, ao contrário dos outros portugueses do outro lado da Rebouças que se ocupavam de vacas leiteiras, foi o que sustentou a história econômica da Vila Madalena. E, por fim, a própria história pessoal.

Ao desfiar as lembranças, o senhor Luiz não traz à tona senão o que sua infância simples viveu. Algumas são maravilhosas no sentido em que os descobridores do Novo Mundo vão relatando suas experiências. Por exemplo: há as histórias de pescador. O senhor Luiz as tem ao contar, sem pestanejar, que ao longo do riacho Coruja pegava-se traíra à mão. Maravilha? Apenas mais uma história de pescador? Nem tanto, o lodo do riacho que desaguava no rio Pinheiros formava um sem-número de poças d'água. Bastava tocar as traíras para os bolsões de água: no momento seguinte era pô-la, aos pulos, borbulhantes de vida, dentro de uma lata. A mãe se encarregaria do resto: a fritada na cozinha.

O senhor Luiz foi verdureiro como seu pai. Da faina de plantar hortaliças e verduras, como a rúcula, a alface, mas também o pimentão, a berinjela e os tomates, faz questão de mencionar o frio da madrugada, quando a família, em mutirão, preparava as mudas. Era a única maneira de preservá-las da inevitável geada que se abatia sobre uma São Paulo fria, bem mais gelada do que hoje. Feitas as mudas, elas eram colocadas ao ar livre, mas abrigadas por uma camada de sapé. Era esse o procedimento entre os verdureiros da Vila Madalena.

Imagine-se a paisagem: longos corredores de sapé, entremeando as hortaliças, as árvores sombreadas, o sereno caindo sobre os terrenos amplos, ao desabrigo dos edifícios que mais tarde se espalhariam pela Vila Madalena.

As primeiras lembranças são de 1923; Luiz tem 7 anos. A mãe mais moça quase a metade de seu pai – casaram-se quando ela tinha 16 e ele 33 anos – tem seis filhos para criar. O trabalho que Luiz faz, entre o divertimento das pescarias à mão nos baixios formados pelas poças do riacho das Corujas (hoje canalizado, passa ao longo da Praça também das Corujas na confluência da Vila Madalena com o Sumaré), é o de vender a produção da chácara no Mercado Público de Pinheiros. Ei-lo empurrando um carrinho de mão, carregado de pimentões, tomates, berinjelas – algumas verduras certamente. O caminho hoje deve ser um pouco mais longo. Na época, porém (década de 1920), Luiz Assunção entra por estradas que hoje são avenidas, enfurna-se em meio ao matagal então existente que de repente se abre, como uma clareira, no Largo de Pinheiros. É importante que, quando ele chegue, seja ainda madrugada. Os compradores o chamarão à socapa, num canto, e lhe pagarão as verduras pela cotação do dia. Mas de repente pode surgir o ogro – um monstro em forma de português, o símbolo da maldade para o menino. Não há como fugir. Com a calma e a crueldade de quem tem a lei mas não a justiça, o guarda português – um fiscal a soldo da prefeitura – encaminha-se para o carrinho de mão, toma-o do menino assustado e, imponente e tranqüilamente, como quem faz um ato magnânimo para a humanidade – ou para o demônio? –, joga todo o seu conteúdo no rio. A berinjela bojuda, o tomate rubro, não crestado pela aurora (a frase é de Manuel Bandeira), e o pimentão pujante, de verde e amarelo, esboroam-se pelas margens do rio. Serão comidos pelos peixes (nesta época os pobres não chegavam a se jogar, como hoje, à cata dos restos de verduras e hortaliças espalhados pelas ruas no fim da feira livre da Vila, para aproveitar alguma coisa).

Era assim. Mas a vida na Vila Madalena de mais de sessenta anos atrás não se resumia aos episódios contundentes como o do guarda português façanhudo que agredia quem não tivesse licença para negociar verduras e hortaliças, jogando fora a produção de até um ou dois meses. Havia o circo, o cinema de faroeste (já naquela época) e sobretudo as festas religiosas na pequena igreja do Largo de Pinheiros. No mais, por ordem, os divertimentos dos meninos alinhavam-se entre a caça de pintassilgos com arapucas – os bolsões de matas ainda mantidos nas chácaras era o viveiro natural de um nunca acabar dos passarinhos com cabecinha preta e o corpo amarelo, um canto bonito para as gaiolas dos paulistanos que saíam de vários pontos da cidade para negociar com os garotos da Vila –, a briga de galos nas rinhas espalhadas pelo bairro, o futebol nos vários campos de várzea do que são hoje os prédios do Banco Nacional da Habitação (BNH).

O senhor Luiz dá um gole. As brigas, claro que existiam: bebia-se um pouco mais, além da conta, e pronto, já os dois jovens (ele agora tem idade para beber) se engalfinhavam. Mas não eram duelos fatais. No dia seguinte: "Olha, desculpa, ontem..." "Tudo bem..."

Sim, era fácil. Quando o pai ia para o Mercado Central, na beira do Tamanduateí, a charrete subia a Teodoro Sampaio, enveredava pela avenida Municipal (hoje Dr. Arnaldo), descia a Consolação e embarafustava-se por atalhos até o destino final das frutas, das verduras e das hortaliças que frutificavam na Vila Madalena e que era o Mercado Central.

Uma lembrança que talvez justifique a maravilha da visão e das lembranças: a Rebouças. As casas eram belíssimas – nada para o bico do filho modesto de português com brasileira, como era o caso do pequeno Luiz. Mas as mansões tinham uma particularidade que conduz o senhor Luiz Assunção a algumas considerações, digamos, etimológicas. Eram as cercas vivas todas de unhas-de-gato, uma planta espinhosa, uma espécie de muro indevassável, mas que produzia flores belíssimas. Imagine-se a Rebouças – as casas senhoriais, os espinheiros – separando a avenida dos terrenos assombrados por árvores altaneiras, os jardins. E aí então é que vem a etimologia.

"Em minha vida nunca vi um único pinheiro, nem na Vila, muito menos no que é hoje o bairro de Pinheiros."

Portanto, e é essa a tese do senhor Luiz: o que ele diz – e os historiadores não confirmam – é que o bairro deve seu nome não aos pinheiros, mas aos "espinheiros" (isto é, às cercas vivas da avenida Rebouças de outros tempos). Dito com outras palavras: foi por uma espécie de corruptela que o bairro de Pinheiros nasceu. Não era dos Pinheiros, se não "dos Espinheiros...". Uma gênese puxa a outra. E os nomes das Vilas – a Madalena, a Beatriz, ou a Ida, ou ainda a Jutahy (já desaparecida). O senhor Luiz não hesita: seriam nada menos do que descendentes, quem sabe, de algum português. Ao herdarem as terras, as vilas seriam conhecidas por suas proprietárias, isto é, a hoje Vila Madalena seria a "da" Madalena, e assim a "da" Beatriz, a da... e daí por diante. Nada de santas da devoção dos portugueses, apenas e tão-somente algumas moças – quem sabe, bons partidos. Quem sabe premonitórias em relação às outras moças da Vila do futuro, as que farão sua própria história também nas lutas feministas que vão empunhar nos anos 1970.

Bem, dessa história o senhor Luiz sabe pouco ou quase nada. Interessa-lhe certamente que os barbudos e "barbudinhas" eram pacíficos. Pouco se lhe dá que fumassem maconha.

A erva chegará na Vila Madalena nos idos dos anos 1950. Não são muitos os que prestam atenção em seus efeitos. Para o senhor Luiz, sessenta anos depois, o que continua valendo é a pinga. Nada demais, por sinal. Com mais de 80 anos, o senhor Luiz não deixou de beber: se antes eram várias doses durante o dia, hoje são algumas poucas.

"Não tenho mais resistência...", admite (na verdade, quem o conhece há anos sabe que jamais demonstra qualquer alteração em seu estado normal, de homem calmo, que nunca enrola palavras para seus iguais no bar do Gérson).

As mãos grossas, os pés escalavrados das lides dos roçados que ainda hoje intrigam terem existido um dia na Vila Madalena, ambos contrastam flagrantemente com o rosto altivo, algo aristocrático, poucas rugas, uma cabeleira branco-chumbo quase intacta, além de um bigode de muitos, muitos anos – o senhor Luiz aponta o indicador para a porção que sai da Turi, avança pela Delfina e pára na Natingui. Ali havia uma terra de puro lazer. Não se criavam porcos, como na Vila Madalena, nem vacas (como no que hoje são os aristocráticos Jardins e onde só viviam leiteiros). No terreno, com um grande descampado, um português rico mantinha uma espécie de casa de campo. Nas férias lá chegava ele com a família.

A Vila Madalena já era o lugar de lazer, pelo menos para alguns pioneiros abastados que evidentemente não moravam na Vila; ela era muito longe de tudo.

Do bar do Gérson é possível adivinhar o que seria a tal chácara mencionada pelo senhor Luiz. Certas casas grandes, de profissionais liberais, ainda lembram alguns resquícios verdes do passado. Certas árvores sobrevivem, outras são recentes, como as bananeiras das casas da rua Turi. Para quem olha essas casas, opostamente em direção ao baixio, talvez o bar do Gérson não os atraia.

É um dos mais simples e antigos da Vila. Sobram-lhe os atributos de um boteco à antiga. Aliás, se a palavra boteco – como sinônimo desses puxados quase garagens que pululam em São Paulo – tem alguma valia, nada a define melhor que o bar do Gérson.

O bar é mesmo de um proprietário chamado Gérson e que acomoda todos os que lhe são fiéis por todos esses anos. Nada de especial sob o ponto de vista do que se sabe da Vila. O bar do Gérson é antigo demais, íntimo demais para seus freqüentadores para que lhe seja tributada uma menção especial por suas qualidades. Elas existem, mas não pelo que se diz de outros bares, algures, na Vila. Conto uma experiência pessoal.

Certa vez uma amiga passou pelo bar, de moto, com o seu namorado. Eu chefiava uma assessoria de imprensa e, como sempre fazia quando tinha meu ateliê pelas redondezas, ia beber minha cerveja no bar do Gérson. Foi quando avistei minha colega: acenei-lhe, ela respondeu ao meu aceno e no dia seguinte me contou seu diálogo com o namorado. Ele quis saber quem era; quando ela lhe disse, espantadíssimo, ele lhe teria perguntado quase em tom de horror: "Mas teu chefe freqüenta esse bar?".

Freqüentar o bar do Gérson não é nenhum problema para quem quer que o conheça ou não conheça. Nele se bebe o de qualquer bar em qualquer parte: cerveja, pinga, conhaque (Dreher, ou Castelinho, ou...). Mas o que mais sai é mesmo a pinga – não qualquer especialidade da casa, mas a de sempre, uma ou duas marcas conhecidas. Os freqüentadores se conhecem quase todos. Por isso a regra não chega a se constituir em norma rígida. Mas o cumprimento, o bom-dia ou o boa-tarde (o "boa-noite" não existe: o Gérson fecha o bar, invariavelmente, às 20 horas, tenha ou não clientes), impõe-se como uma conduta de boa educação, em conformidade com o que isso representa para o bar.

Um dia seu proprietário contou-me um episódio ilustrativo: já que o bar não possui senão um balcão, com banquinhos laterais, tendo como clientes a gente simples, mais simples que possa existir na Vila, há quem tenha medo de entrar. Foi o que um sujeito perguntou: não haveria perigo comprar uma bebida ali? O Gérson respondeu-lhe na lata: "Perigo aqui dentro não tem nenhum; agora, ali na calçada, fora daqui, eu já não garanto nada..."

Seja por isso, seja por outra razão qualquer, quase não se vêem mulheres no bar do Gérson. Mas tratar toda e qualquer mulher com o máximo de educação não é uma regra de boa conduta do bar do Gérson: é uma imposição compulsória a todos os homens que o freqüentam. A lógica é simples e vale tanto para o bar da Vila quanto para os bares da periferia: como ao estuprador que ninguém tolera por todos terem mulheres e filhas, no bar do Gérson parte-se da pressuposição de que todos têm mãe, esposas e filhas e que, portanto, respeito é bom e a gente gosta!

Neste ponto a diferença com outros bares em outros pontos na cidade, ou mesmo na Vila Madalena, a rigor, é nenhuma. Não que o bar do Gérson não contenha a sua história e que se confunde com a da Vila. De fato, se a Vila não é só seus intelectuais, o bar do Gérson é o outro lado do que se conhece da Vila Madalena.

Comece-se por seus freqüentadores. Contam-se, digamos, alguns intelectuais e artistas entre eles; um professor de letras da USP até tempos atrás, sobraçando seus livros, pedia diariamente a sua pinga ou parati no fim da tarde. Como muitos outros – a maior parte de cirrose, uma outra de aids, e outros, ainda, de tiro – o professor faleceu. De cirrose. Não chega a ser uma novidade num bar que tem para lá de vinte anos. E no qual os que dele se servem são praticamente os mesmos.

Onde é realmente que as coisas seriam especiais? Não se esperem respostas dos que se sentam em seus banquinhos ou se juntam aos pares nas cadeiras semidestruídas do lado de fora, em convivência com os cães da dona Maria, esposa do Gérson, e que latem à passagem de uma motocicleta ou perseguem qualquer outro cachorro que porventura se arrisque por ali. No bar do Gerson comenta-se o futebol, é verdade; o Benê, em tempos de olimpíadas, dá os nomes de algumas equipes estrangeiras, fala das moedas, até escala o time feminino de vôlei de Cuba, cujas coxas mulatas não lhe saem da lembrança. Na penumbra silenciosa, quando o bar está quase vazio (o que quase nunca acontece), fala-se da última morte de algum malandro na favela do "Mangue" logo acima, ou se diz de quem foi preso e por quê. Mas Tião, um ex-estivador que exerce uma certa autoridade junto ao pessoal por ter uma biografia mais recheada de incidentes de quem viveu no porto, com tudo o que possa ser típico da vida de um porto, não só explica o que só ele conhece de perto. Como um velho marujo de Stevenson, ele surpreende ao narrar a sua amizade com um marinheiro russo que lhe deu um gorro siberiano, todo felpudo, e que até bem pouco ele ostentava nas cada vez mais raras manhãs de inverno de São Paulo; e se for o dia de se recordar da Ilha Anchieta ele contará, entre risos, como o guarda apontou para os recém-chegados como eles podiam fugir; era só ir a nado até o outro lado. Isso tudo enquanto uma "galhada" (a barbatana) de um tubarão sobressaía entre as ondas da ilha, logo adiante, na rebentação.

Por vezes o assunto é política. Neguita já foi candidato a vereador. Rubinho, o magnífico escultor de cavalos, boizinhos ou seja lá qual for desses bichos que lhe peçam para esculpir, mantém suas relações políticas na prefeitura; mas apenas por conversar com os dirigentes de ocasião, não por ter qualquer partido. Por obra e graça das suas relações, todo o ano consegue que no sábado de Aleluia seu bloco, o do "Boi", saia em desfile pela Vila, com banda e tudo. Assim também o pessoal que até bem pouco constituía a associação Pau Pau e que se dedicava a trabalhar com crianças cujas mães trabalham fora. Foi o marceneiro Carlinhos da Pau Pau quem organizou a malhação do Judas que põe em relevo nada menos que as figuras do Rubinho e do Gerôncio. O Rubinho, reconhecendo-se no boneco, e no talento do Carlinhos um quase elogio a sua pessoa, riu a valer. Mas o Gerôncio ficou furioso. Nunca mais pisou no bar do Gérson, por mais que lhe dissessem que não fora do pessoal do bar a idéia engraçada de representá-lo justamente por seu mau humor. No caso, o talento político do Carlinhos da Pau Pau foi conseguir convencer a regional de que o auto-de-fé com o Judas na figura do Rubinho e do Gerôncio não iria redundar num incêndio em plena via pública. De fato, não aconteceu.

Mas alguns problemas acontecem, com a consideração mais que compreensiva do pessoal do bar, de que é isso mesmo — não existe vida sem acidentes. O Luizinho, o Alemão, o Barnabé e o Cigano foram alguns que tiveram problemas de ordem jurídica por atuarem na contramão do que a lei estabelece. Como o senhor Luiz de tempos atrás, eles não se curvaram à convenção — foram contra. Nem por isso perderam o respeito de seus chegados. Que não lhes poupam elogios, como o proferido pelo Tião: "Isso é uma pouca vergonha, são pais de família que estão trabalhando... só porque..." E explicou tanto a convenção quanto o que lhe é contra.

Só um interregno foi altamente dramático, além dos dramas da morte do Bigu, de aids, do ataque cardíaco que fulminou o Raul, e do colapso cerebral do Pardal: a morte do Boy. Todos tinham um certo receio do Boy. Não era muito violento, mas contrastava no bar do Gérson, por ter tido mais problemas que todos e por ter algumas experiências bem mais graves do que as previsíveis, tais como a de ter conseguido escapar de ser atingido pelos tiros da polícia numa de suas inúmeras prisões. Em sua derradeira paragem no bar do Gerson, um desafeto a quem atingira com alguns sopapos, poucos minutos antes, desfere-lhe um tiro, à queima-roupa e sai andando calmamente.

São seis horas da tarde. Uma consternação apossa-se de todos. Jonas, o psiquiatra que está na Pau Pau, corre ao chamado do bar. Vê com olho clínico que não pode fazer nada. O Boy sente a morte e se despede.

"Oi, pessoal, acho que estou indo; me desculpem qualquer coisa". E para o Jonas, que o ampara, segurando-lhe a cabeça: "Reza uma Ave-Maria por mim".

Jonas olha para os circundantes desesperado. Ainda hoje o pessoal ri meio sem jeito do fato realmente tragicômico. Jonas não sabia que história de Ave-Maria era aquela; é judeu, mal entende o sinal-da-cruz do Boy, antes de, afinal, ser levado do bar do Gérson para a morte.

De como a sentença de Jorge Luis Borges de que quem acredita em casualidade não sabe das leis da causalidade tem a ver com a Vila Madalena; e de como a Vila passou a ter o gosto de empanadas argentinas

No dia 18 de setembro de 1982 foi inaugurado o bar das Empanadas, marco importante na história da Vila dos anos 1980. No primeiro dia, os sócios Hugo e Ana, dois argentinos recém-chegados de seu país, onde a repressão comia solta (daí sua presença no Brasil), prepararam algo em torno de quinhentas empanadas – uma espécie de pastel assado, um dos pitéus da cozinha argentina. Quinhentas era o mínimo que o otimismo dos dois sócios projetava, uma vez que não havia nada parecido nas redondezas. Aberta a nova casa, porém, nenhum cliente atentou para sua existência. Em seu depoimento feito anos depois, Hugo não reclama: era natural, pouca gente tinha ouvido falar em empanadas – paciência.

No dia seguinte, contudo, jogadas no lixo as quinhentas empanadas da véspera, foram produzidas trezentas; só que, de novo, ninguém entrou no bar. No terceiro dia, por fim, os dois sócios diminuíram tanto a quantidade das empanadas quanto as expectativas sobre os possíveis clientes. Desta vez tiveram sucesso: entrou uma pessoa. Foi tão festejada que seu nome ficou registrado na história do bar. Era Hermano Pena, cineasta que trabalhava numa das seis produtoras de filmes da Vila Madalena. E que foi quem puxou, aos poucos, os outros clientes para o bar.

Hugo não se lembra muito bem do que aconteceu daí em diante. Aos poucos, porém, o bar das Empanadas foi se impondo. Ao Pena se seguiram o Pedrão, o Eduzão, o Javan, o outro Pena, o José Luís, o Kuja, a Aninha, o...

Hugo não registra os fatos que o precipitaram de um dia para o outro no centro de um grupo de jornalistas, intelectuais de todos os tipos e calibres e no meio dos cineastas, pintores e poetas que aos poucos iam se juntando em seu bar. O fato é que um dia, passadas as vicissitudes da implantação do bar, as coisas foram se ajeitando.

Dá-se o convencional: logo os outros pequenos comerciantes da região — os donos da padaria, da farmácia, do açougue, os taxistas que ficam entre a Wisard e a Fradique —, todos invariavelmente vão cumprimentando o argentino a cada manhã em que ele sai de casa para assar suas empanadas, associando-o a seu grupo. A sua vida na Vila Madalena iniciava-se pelo começo possível e desejável, tanto na amizade cotidiana dos bons dias de praxe quanto na amabilidade de um ou outro favor. Logo a vida algo relaxada, decididamente descontraída dos freqüentadores habituais, vai, *despacito*, se impondo. E junto com todos a exigência comum pela cerveja, pelo uísque, pela cachaça, pelo vinho. A demanda se impôs como resultado natural da nova freqüência.

Quando adquiriram o bar, tanto Ana quanto Hugo tinham em mente descaracterizá-lo como o boteco que, antes dos argentinos, só vendia cachaça. Ninguém poderia esperar mesmo que os barbudos, os artistas ou como quer que fossem considerados os novos freqüentadores, pudessem ou quisessem dispensar o álcool.

Hugo não se recusa à palavra sucesso para descrever o que aconteceu com o bar que ele abriu com Ana. O processo chegou a tal nível que logo já havia a possibilidade de folga numa ou noutra tarde, da visita aos amigos que o freqüentavam e, claro, das festas da Vila Madalena: Hugo passaria de simples dono do bar das Empanadas a convidado de todos para as festas que na época pipocavam na Vila. Mas então sobrevêm as primeiras surpresas e a quase decepção.

Para um argentino nascido numa província, mas criado em Buenos Aires, o dia-a-dia contava-se entre o que de mais sistemático alguém poderia pedir. Acostumado às requisições do restaurante de seu pai, Hugo estabelece seu horário em conformidade com as exigências: hora de abrir o bar das Empanadas, hora para a ida ao supermercado, hora para o almoço, para dormir e logo, a crer no convite que lhe faz um casal – "passa lá em casa para um cafezinho" –, hora também para visitar os novos amigos; haverá cafezinho.

Na hora que Hugo pensa ser a azada, ele toca a campainha no apartamento do casal. O amigo recente que lhe abre a porta surpreende-se. Cumprimenta-o, algo formalmente, e para a estupefação de Hugo, pergunta-lhe o que o traz àquela hora a sua casa. Quando Hugo constrangido e não entendendo nada lhe lembra do convite para o café, o brasileiro não pode conter o riso. Com o que o argentino levou ao pé da letra que se ia à casa de alguém a partir do convite corriqueiro como aquele do "aparece lá em casa para um café..."?

Tudo bem: Hugo e sua companheira serão devidamente premiados por um café feito pelo casal, donos da casa. Mas ficará a lição: quando um brasileiro, paulistano da Vila Madalena, o convida para um café, ele não quer necessariamente dizer que o estrangeiro deva se dirigir a sua casa para cobrar a promessa feita. Basta que o cumprimente no dia seguinte como se tivessem estado juntos – em torno de um café memorável. Assim também com relação às festas.

Dá-se que um amigo, freqüentador do bar, o convide para uma feijoada que "vamos fazer amanhã, lá pelo meio-dia". Que faz um argentino? Não se dá conta de que a determinação do horário tem uma restrição no advérbio "lá"; essa palavra portuguesa que indica uma real elasticidade no tempo e no espaço – é a primeira grande lição de brasilidade e de Vila que o Hugo irá aprender, ou antes desaprender. Ao comparecer ao meio-dia para a feijoada, irá encontrar o casal que o convidou com os cabelos amarfanhados; foram acordados pela campainha ainda cedo – exatamente no horário combinado, que não é exatamente o horário indicado, já que o "lá" foi devidamente mencionado, mas não registrado pelo cidadão argentino que ainda não sabe do seu sentido último, e da paradoxal indeterminação que o acompanha.

Daí em diante, também essa lição será aprendida. Hugo saberá que quando a turma da Vila Madalena o convida para um jantar, significa que ela começará pouco antes da meia-noite; um almoço de sábado nunca se inicia senão depois das quatro da tarde. Eis que, ao que parece, não existe em espanhol uma palavra que exprima a coisa toda como o já corrente *ajantarado*.

Para todos os efeitos, Hugo aprenderá uma ou outra lição, além das complementares; mas não todas. Ao retribuir o convite para um ou outro almoço, ou jantar – ou ajantarado – ele se propõe ao que também é da sua especialidade, além das empanadas – fazer, em troca, um churrasco tipicamente argentino. O convite, ele o faz aos mais chegados. Comunica à mulher que assará um churrasco para umas cinco pessoas. É com essa perspectiva que vai ao açougue quase em frente ao Empanadas e pede o suficiente para os cinco e alguns a mais. Não será sem susto, porém, que, no horário já elástico não do meio-dia em ponto, como em Buenos Aires – mas a partir das duas ou três da tarde – que ele abrirá a porta, não aos cinco esperados, mas a uns quarenta completamente inesperados.

Que fazer?

O que lhe ocorre é o ditado por sua experiência de homem ligado ao restaurante do pai que, antes de se dedicar à culinária, sonhou um dia ser veterinário: e então é cortar em fatias finas a carne que está no forno, ou na brasa. E que deve ser administrada de molde a dar para todos.

Evidentemente, quando chegou a São Paulo, quase tudo para Hugo pareceu estranho. Antes de se estabelecer na Vila Madalena, ele experimentara outros eufemismos à brasileira, ou à Paulicéia. Do centro das cidades argentinas, Hugo saberá que o são em tudo, como a palavra indica: uma convergência de instituições, de casas de comércio, sobretudo locais de acesso fácil e farto. Então dirige-se ao centro de São Paulo.

No início dos anos 1980 a decadência do centro urbano de São Paulo já tinha se iniciado. Com exceção da Confeitaria Vienense e do Brahma, dois restaurantes tradicionais, o resto é um nunca acabar de edifícios que um dia foram bonitos, parcialmente deteriorados; e, das ruas que já tinham sido chiques anos atrás, só se pode dizer que são quase antros de mendigos. Essas as outras diferenças.

No entanto, a vida na Vila, recém-perscrutada e vivida, é bastante agradável. Afora os convivas não convidados, os horários nunca cumpridos, as noites barulhentas maldormidas – ele mora na frente do Sujinho, o outro bar pioneiro da Vila, que, na verdade, nunca concorreu com o Empanadas –, pouco a pouco a Vila Madalena se vai interiorizando em seu espírito amargurado pelo exílio. Os que o cumprimentam logo pela manhã, fazem-no na afabilidade de quem não se lembra muito bem de quanto bebeu na noite anterior. E é sempre o cordial "tudo bem?", o sorriso descontraído, o jeitão quase sempre invariável e alegremente relaxado – de quem acha que a festa de ontem foi apenas a preparação da festa de hoje, ou da festa de amanhã à noite. A vila é uma festa sem ressacas. Todos os dias alguém passa pelo Empanadas antes de ir ao Sujinho e vice-versa.

Entretanto, a sensação do exílio é persistente. Sonhar com os amigos, os parentes, a mãe longínqua, os entardeceres algures na rua conhecida de Buenos Aires, o sonho de uma Argentina democrática — tudo somado, acossa seu imaginário.

Passados muitos anos, as diferenças que então lhe pareciam maiores não são tantas. Dizem-lhe da liberdade sexual das brasileiras, que ele compara com a propalada contenção das argentinas. De parte a parte, as mulheres parecem marcar uma linha divisória que, no fundo, é a grande diferença cultural. Ao fim e ao cabo, porém, Hugo convence-se de que a imaginação é muito maior do que a realidade: nem as brasileiras são tão liberadas como elas próprias querem fazer crer, tampouco as argentinas são tão reprimidas quanto elas mesmas pensam. Contudo, ao fim de quatro anos, Hugo decide: está certo que a Vila lhe parece o melhor que poderia lhe ter acontecido. Que nunca imaginou em se trasladar para a França, mesmo quando, sob a interferência de Dom Evaristo Arns, arcebispo de São Paulo, ele se vê apto a se deslocar para fora da América Latina, protegido por alguma entidade de direitos humanos. Está certo, não pensa em se exilar na Europa, mas a Argentina não lhe foge da lembrança. Um dia Hugo e sua companheira decidem: voltarão para a Argentina.

O plano parece-lhe adequado; como fez com Ana, no Brasil, ele se associa a um compatriota que tem uma fazenda. É o ano de 1984: o forte movimento da população argentina pelo retorno à democracia consegue desbancar os generais fascistas de seu país. Hugo arruma as suas coisas. Sem deixar de manter a porta aberta do bar Empanadas para um eventual retorno, decide voltar para a Argentina, mais precisamente para a Patagônia; lá ele e o amigo têm uma fazenda de muitos hectares; pretendem que poderão atrair turistas depois de desmatá-la. As potencialidades de um hotel fazenda com isso que os citadinos inventam do campo dão-lhe o ânimo para o trabalho braçal de preparação, que vai da limpeza ao cercado do perímetro da fazenda, da limpeza da sede aos arranjos para a adaptação do espaço rural para um hotel.

Contudo, algo perturba Hugo. Um dia é a vontade maluca, realmente inacreditável, de acordar num sábado pela manhã e encontrar alguns conhecidos na feira livre da Mourato Coelho, percorrer algumas quadras a esmo, tomar café na padaria e ir para o Empanadas, onde a turma já está chegando para o aperitivo, e onde, de imediato, se combinará uma moqueca para logo mais à noite – no horário imprevisível para a previsível bebedeira de alguns, as histórias divertidas de outros, mas principalmente para as conversas jogadas fora, feitas de puro prazer de viver descontraído, como convém a seres humanos; e que, para Hugo, sem grandes alardes em relação a diferenças (que ele sempre saberá serem relativas), só a Vila Madalena tem.

Hugo decide voltar.

Os quatro anos que lhe bastarão como toda uma vida convencem-no de que nunca mais abandonará São Paulo. O bar das Empanadas, ele e Ana o vendem, para fundar um outro canto, o Martín Fierro, uma pequena churrascaria extremamente sofisticada que nem por isso, pelo menos nos primeiros tempos, deixará de reunir os velhos camaradas de outras épocas.

Mas e a Vila?

Hugo não tem explicações sobre o porquê da sua relação ou da sua chegada, um dia qualquer. A sua busca por um canto ao acaso poderia se dar em outro bairro, alhures. Talvez tudo o que então acontecesse na Vila não o tivesse nem ao menos como apreciador. O mistério que o pôs na Vila Madalena seria apenas uma coincidência – um fato em que o seu conterrâneo Jorge Luis Borges dizia só acreditar se lhe comprovassem não existirem, antes, as leis da causalidade. Com o que sua presença na Vila seria uma causa e não uma mera coincidência. Pode ser tudo isso, ou nada disso; Hugo não sabe direito. De uma coisa, no entanto, ele hoje tem certeza, cessadas todas as inquirições possíveis. Se nada o explicou no meio de um grupo de gente que transformou a Vila no bairro boêmio de São Paulo, a possível alternativa a tudo – que incluía, é claro, a sua pátria – não se mostrou suficientemente convincente para que ele a desejasse mais que a Vila. Hugo, um ex-combatente de esquerda numa Argentina tornada um antro fascista pelos militares, não é um romântico no sentido convencional do termo. Gosta da vida: não crê, entretanto, que lhe pudesse ser dada outra localidade para viver que não fosse a Vila Madalena, que ele conheceu. E para a qual ele e sua ex-sócia, Ana, legaram um bar que se não é a Vila não deixou de ser uma das partes mais importantes dela.

Simples assim?

Simples assim. E simples o suficiente para que Hugo não inquira se a Vila foi quem o fez; ou se foi ele quem fez a Vila. Aliás, a expressão "fazer qualquer lugar" terá em português o sentido exato que Hugo deu para si quando desembarcou em São Paulo. Ao "fazer a Vila Madalena" no sentido de vencer na vida num determinado ponto geográfico, o imigrante Hugo claro que reivindica para si o que – ele sabe muito bem – é pura e simplesmente o resultado de um ato coletivo. Mas a Vila foi uma criação de que participaram não apenas paulistanos, baianos ou argentinos. Foi tudo isso, e a feição que ela ainda hoje ostenta, de sofrer uma transformação constante, não desmerece Hugo e Ana de terem incluído a empanada no repertório já rico do gosto não apenas da Vila Madalena – mas dela para os paulistanos. E, se o Empanadas foi um marco na Vila Madalena, as empanadas que eles ajudaram a difundir são mais um gosto aos petiscos que a cidade oferece além das americanidades dos *fast food*. Disse americanidades? A contribuição de Hugo e Ana deve ser vista como um dos momentos de resistência e que culminaram – de novo, não certamente por mera casualidade – como a grande expressão das latino-americanidades. Isso também aconteceu na Vila Madalena.

À época, por mais estranho que pareça, Fernando Henrique Cardoso e Sérgio Motta a freqüentavam. Mas essa é uma história que, como muita outra coisa, deve ser debitada ao esquecimento de que certamente o bar das Empanadas jamais fará parte. E que as empanadas, em si, em seu gosto levemente doce, farão sempre por nos lembrar, como legado do Hugo, da Ana. E da América Latina que eles trouxeram para a Vila Madalena.

Em que se conta, à moda de cinema, de como o poder e a glória chegam à Vila Madalena; ou de como uma história triste à beça fornece o estro para o "Que porra é essa?"

A tomada panorâmica abarca grande parte do cemitério, com milhares de cruzes. Em meio às sepulturas, um homem solitário carrega uma coroa de flores. Na cena seguinte a câmara se aproxima do personagem. Agora ele é visto de frente, entre as fileiras de cruzes, até chegar a um grande monumento (tomado de cima, para que se tenha a idéia da grandeza do mausoléu escuro, encravado no mar de cruzes). Nova cena, agora do corpo inteiro do homem, sobraçando a coroa. Num gesto solene, a barba e os cabelos crescidos, como um *hippie* da década de 1970, ele se inclina e deposita a coroa sobre a campa do monumento. A câmara foca por instante os caracteres em russo (cirílico) que encimam o imenso mausoléu; e então desce para a grande coroa na qual, em meio a flores, se lê: "Aos mártires antinazistas de Leningrado, homenagem da Vila Madalena".

Digamos que a cena não seja bem assim. Mas quando Hermano Pena começou a contá-la ao Eduzão e ao Pedrão — os três estão sentados no Sujinho, as várias tomadas (algumas são meras cintilações na tela e na cabeça dos interlocutores) como que vão se sucedendo em cenas rápidas. Já agora Hermano está em outro mausoléu (alguém fala em "turismo funerário" pela ex-União Soviética); desta vez é a imponente câmara mortuária de Lênin na Praça Vermelha de Moscou. Há um *close* na figura do líder da revolução bolchevique, embalsamado em seu caixão, mesclando-se aos acordes solenes e trágicos do primeiro movimento da Sinfonia "Leningrado", de Dmitri Shostakovitch, a efígie do morto vai se desvanecendo aos poucos, junto com a música. Numa pausa de alguns segundos, quando, gradativamente, a música do russo começa a ser substituída por uma zabumba nordestina ouvida a distância, a máscara mortuária vai dando lugar à conhecida cabeça do ator Lima Duarte (não é que são parecidos?), os olhos semicerrados num ricto de ódio ensandecido. Logo o personagem central do filme *Sargento Getúlio* do Hermano Pena, prêmio do Festival de Gramado em 1983, prêmio de Moscou no mesmo ano, vai tomando a tela toda. Corte rápido.

Volta-se ao bar Sujinho. Enquanto o Eduzão e o Pedrão vão batendo na mesa a letra de um samba que lhes ocorre naquele instante, o Hermano – de novo como num filme – começa a rememorar o tempo passado até ali, o simples e sereno estar no Sujinho, de novo, entre os amigos da Vila. As cenas sucessivas e rápidas do garoto que sai da Bahia ainda cedo e que pretende estudar artes plásticas não são senão um episódio quase simultâneo a sua chegada em Brasília, onde, em troca de um salário módico, ele cuidará de administrar uma oficina de reprodução de gravuras.

No momento seguinte o cinema já está em sua vida. São dois os personagens que conversam com Hermano: de um lado o então deputado comunista Roberto Freire, de outro, o arquiconservador e futuro presidente não empossado Tancredo Neves – que morrerá antes de assumir seu cargo. Conversam. A perspectiva de que a TV Globo aceite transmitir um filme que o Hermano está dirigindo no qual se discute a possível aprovação da Lei dos Estrangeiros, na Câmara Federal, talvez imponha uma derrota ao regime militar. Em *close*, Hermano vai explicando: a Lei dos Estrangeiros é simples e sórdida. Todos os estrangeiros que estiverem exilados no Brasil serão recambiados para seus respectivos países. O pessoal que compõe o Raíces de America, por exemplo, um conjunto composto por latino-americanos e que atua na Vila Madalena, certamente será enviado de volta, mas para os campos de concentração no Chile, de Pinochet, na Argentina, de Videla, ou à prisão do esbirro de plantão na Bolívia, no Uruguai... Como poucas vezes durante o regime militar, até os mais conservadores como Tancredo Neves aceitam discutir com um comunista como Roberto Freire. Na condição de parlamentares, ambos sabem o que se colima na tal lei: uruguaios, bolivianos, paraguaios, chilenos e argentinos, ao serem reconduzidos a seus países de origem, serão simplesmente trucidados. Mesmo alguns parlamentares da Arena – partido oficial dos milicos que tomaram o poder no Brasil – têm dúvidas quanto ao que fazer. Se apóiam a lei, mais cedo ou mais tarde subirão ao banco dos réus morais. Ninguém lhes perdoará terem sido coniventes com os massacres covardes dos regimes militares que tomaram conta do Cone Sul da América Latina (era esta a expressão que os norte-americanos tinham cunhado para assumir a distância geográfica que a sua boa consciência lhes ditava, a fim de não assumir o que tinha sido devidamente engendrado em West Point, durante a Guerra Fria). Enfim, se a Globo acolhesse o Globo Repórter que Hermano fazia com os exilados latino-americanos, contando de seus filhos brasileiros, de suas novas vidas em bares, como o Empanadas, encravado na rua Wisard da Vila Madalena, e que pertencia aos argentinos Hugo e Ana, dois exilados mas também protagonistas dos novos tempos que se anunciavam na Vila, tudo seria mais fácil.

Só que... fim da cena: a Globo não assume o filme que o Hermano fez. Teme que o regime militar a hostilize; mesmo assim o final é feliz: no Parlamento brasileiro a lei seria rejeitada. Vitória da civilização, vitória do Hermano e de seus amigos. E, naturalmente, vitória da Vila.

Na cena seguinte, Hermano está ao lado de alguns de seus pares, diretores de cinema ou candidatos a diretores, produtores e afins, que ora se reúnem no Sujinho, ora atravessam a Mourato, entram na rua Wisard e se aboletam no Empanadas. Quase todos, como o Cláudio Khans, o Chico Botelho, o Alain Fresnot, o André Klotzel, o Denois de Oliveira, o João Batista de Andrade, se dividirão entre a Tatu Filmes, a Palmares, o Cine Documento, a Blimpi Filmes e outras produtoras direta ou indiretamente ligadas à Vila Madalena. Mas todos, invariavelmente, defendem suas idéias. Alguns gritam, outros se apoquentam sem se esquentarem muito — cada um deles, em todo caso, se não tem uma câmara na mão, tem muitas idéias na cabeça. É de uma delas — que se aninha na cabeça de Hermano Pena — que saem as cenas seguintes, todas devidamente amalgamadas com a história quase felliniana do próprio Hermano, e que tem no elenco sua primeira mulher, sua segunda mulher e, não sem tempo, seus quatro filhos, além da Embrafilmes, de amigos do presidente Sarney, inimigos do presidente Sarney, alguma bebida e muita frustração.

Cena um: Hermano fecha o livro *O sargento Getúlio*, de João Ubaldo Ribeiro, e voltando-se para a câmara, como se fosse um interlocutor, afirma que o romance pode redundar num excelente filme. Nas cenas seguintes ele dirige, entre outros, o ator Lima Duarte, personagem que dá o título ao filme, em tomadas que se desenrolam no sertão nordestino. Numa seqüência rápida em que Hermano recebe uma carta e dá um sorriso de satisfação, sabe-se que o roteiro, com a respectiva dotação orçamentária, tinha obtido a aprovação da Embrafilmes.

Em entrevista em pleno *set* das filmagens, Hermano confessa que a fita o entusiasma. Um aparente final feliz, com cenas de confraternização na Vila (pode-se escolher entre os interiores do Sujinho e do Empanadas), com o de sempre — bebidas, amigos, amigas e alguma música —, dá prosseguimento à fita: na tomada do final da festa, Hermano, levemente bêbado, revela a amigos que quer descansar. Corte rápido.

Cena 2: o Hermano está sentado na ante-sala de um burocrata da Embrafilmes; espera uma palavra sobre o filme já rodado. Há uma demora irritante na ante-sala até que a porta se abra. E então o sorriso que o Hermano Pena estampa quando entra vai desaparecendo aos poucos. Num *close* em que ele vai ouvindo de alguém de costas, sentado numa cadeira com o espaldar alto, que seu filme é uma bobagem, violento demais, pretensioso demais, demasiadamente desonroso para as forças armadas, que, dessa forma, consoante os trâmites legais, o filme não será distribuído pela Embrafilmes — a empresa estatal brasileira que patrocina o cinema nacional, e a quem cabe distribuí-lo pelo território nacional —, que, em suma, com votos de alta estima e consideração, seu filme pode ser engavetado — seu sorriso se transmuda numa feição amarga e séria.

Desde que não se apele ao mau gosto de mostrar o Hermano Pena bebendo na mesa de um bar (que talvez deva mesmo ser o Sujinho), a história do filme sobre o filme provavelmente se salvará de cair numa quase novela mexicana. Mas é de se cuidar que antes que a trilha sonora se transforme no "Tornei-me um ébrio, na bebida busco esquecer", de Vicente Celestino, que algumas cenas esclareçam que o Hermano Pena trilhará todos os caminhos e descaminhos de desgraças de um artista rejeitado.

Há alguns episódios a serem escolhidos. Um deles é protagonizado por um amigo do presidente Sarney; ele acederá em projetar o filme na sala de exibições de sua mansão. Só que... (Hermano Pena está à frente do palacete do ricaço, e ele na porta impedindo a sua passagem.) O milionário lhe explica que uma coisa é projetar seu filme — isso ele o faz com o sacrifício de uma alma desprendida —, outra, completamente diferente, é permitir que o Hermano Pena em pessoa (certamente mal vestido, abatido) invada a sua mansão, com seu jeito mambembe, os olhos vermelhos, o mau jeito do artista frustrado.

Hermano Pena, no filme, não se lembrará do que lhe foi dito, mas certamente havia o tapete novo, a poltrona feita sob medida para bundas bem mais nobres do que as de um diretor de cinema brasileiro, vivendo àquelas alturas de alguns favores de amigos na Vila Madalena.

"Por favor" — o milionário, um bigode bem aparado (como de um lorde inglês vitoriano, ou melhor, como de seu amigo José Sarney) está à vontade em suas roupas esportivas de quem chegou em casa há pouco — o Hermano que saia da sua casa. Os amigos do milionário o estão esperando: já é demais que estejam dispostos a ver o filme. Seria digamos, uma hipérbole, que o tivessem de aturar com seu ar suplicante, suas roupas nada elegantes.

Enfim, o resultado da história não é o que os apreciadores dos *happy end* gostariam. Milionários bonzinhos, subitamente tocados pelas tragédias pessoas são coisas de Hollywood — filmes do Frank Kapra, talvez refilmagens dos romances de Charles Dickens... no Brasil os milionários são o que são. O tal, amicíssimo do presidente Sarney, lhe devolverá os rolos do filme com os agradecimentos de praxe. Nem ele nem seus amigos gostaram.

Haveria aqui, quem sabe, que fazer um interregno dostoyevskiano (afinal a Rússia faz parte da história): o Hermano dizendo à mulher que não tem dinheiro para a feira, que há a esperança de ter renovada a sua caderneta na mercearia do português da esquina, que as contas do Sujinho e do Empanadas ele as pagará um dia e que seu filme será reconhecido.

Cena 3: uma página aberta de a *Folha de S.Paulo* no Empanadas. O Javan, ainda hoje dito e redito, o prefeito da Vila, acaba de ler a notícia e a trouxe para o Pena. Num grande artigo, o crítico Orlando Fassoni fala do "Sargento Getúlio" com entusiasmo. Diz ser inaceitável o esquecimento a que fita foi relegada.

Cena 4: Hermano recebe um telefonema do Rio. Luiz Carlos Barreto, mais conhecido como "O czar do cinema brasileiro", um sujeito tido como irascível, de maus bofes, a quem nos meios cinematográficos da Vila e do Brasil se acusa de estar mancomunado com a ditadura militar brasileira, tanto que fez seu sucessor na Embrafilmes (Roberto Farias), gostaria de conhecer o "Sargento Getúlio". A princípio, reunido com os amigos, Hermano reluta: já se decepcionou demais. Mas então se decide.

Agora o filme recomeça com a dinamismo de sempre. Hermano Pena é recebido pelo Luiz Carlos Barreto em pessoa. E então, desta vez como nos *westerns* em que toda a cidade resolve ajudar o mocinho contra os bandidos no duelo final, de fato, tudo muda como que por milagre. Numa tomada em que de dentro de um amplo apartamento Luiz Carlos Barreto telefona aos berros para seu amigo Roberto Farias, ouve-se a música de Gilberto Gil "O Rio de Janeiro continua lindo..." enquanto a Baía da Guanabara aparece através dos janelões – descortinada e bela. Numa seqüência que se segue a esta e em que se quebra o ambiente de quase chanchada dos anos 60, entreouve-se a voz tonitruante do czar, "...que porra é essa de vedarem esse filme?". Pode-se objetar que o silêncio que se segue à cena, com a boca do produtor se movendo, sugira que o Luiz Carlos Barreto está dizendo um sem número de palavrões. E que isso lembra a censura de antanho. É isso mesmo. Corte rápido.

Numa das últimas tomadas o Hermano Pena é aclamado no Sujinho por dezenas de pessoas; seu filme foi vencedor do Festival de Gramado. Volta-se então à cena em que o Eduzão e o Pedrão conversam com o Hermano. Eles insistem em que a sua história na Rússia se transformou numa música. Como prova, os dois cantam o samba-enredo do bloco Sacudavila, criado naquele instante para rememorar os grandes feitos culturais da Vila Madalena e que, dali em diante, será ensaiado periodicamente, na casa do Javan (onde a Vila toma as grandes decisões), até o dia do desfile no carnaval. Explicam que enquanto o Hermano repetia para alguns amigos e amigas a sua experiência funerária e vitoriosa na Rússia, os dois, numa mesa ao lado, foram arquitetando o "Que porra é essa?". Sem ofensas às convicções comunistas do pai do Hermano, eles explicam que a idéia do corpo embalsamado de Lênin tem a ver com faraós, e que — enfim *mutatis mutandi* como se diz em latim castiço — não custa fazer uma ponte entre a Vila Madalena, seus buracos, sua história, com as tumbas milenares e todo o resto. Repete-se em clima de batucada que em breve contagia o bar inteiro — mas rapidamente em várias tomadas, são retomadas algumas cenas iniciais, tudo ao som do "Que porra é essa?".

Última cena: o Hermano, vestido de faraó, é o destaque do Sacudavila no desfile da escola na Teodoro Sampaio. Está brigando com um policial que quer impedir o bloco de entrar na avenida... pela terceira vez. Close do Hermano Pena, o chapéu, ou melhor, a coroa do faraó está de lado, caindo já meio bêbada. Cena fixa. The end.

De como a Vila já não é mais aquela
por obra e graça dos encantos dela

O ano de 1979 culminou com a chegada dos barbudos. Havia a história dos aluguéis mais baratos, da proximidade da Universidade de São Paulo, a vida pacata, as cadeiras nas calçadas, essas coisas. Mas a Pacheco, a maior imobiliária da Vila Madalena, começara alguns anos antes, mais precisamente em 1974. E não culminou em seus negócios com a chegada dos hippies ou dos cabeludos em 1979. No grande empreendimento imobiliário em que se transformou a Vila Madalena, os "agentes" que a criaram (chamemo-los pelo nome que certamente os economistas lhes dariam) ou que contribuíram para tal, não lucraram muito; ao contrário, não foram poucos os que, graças ao charme e ao veneno que a Vila prometia e que eles ajudaram a revelar, tiveram que se retirar e exatamente por não agüentarem os preços dos aluguéis. Dizer que, de tudo, depois da festa, restou apenas e tão-somente a Pacheco Imóveis, é um exagero; ela já tinha progredido antes que a fama de bairro boêmio fizesse a bolsa imobiliária da Vila subir. Sua trajetória e seus lucros já eram expressivos no início da década de 70; e entre as considerações dos netos e filhos dos dois iniciadores do empreendimento, não se contam lamentações pelo que a Vila era antes e hoje não é mais.

"Os negócios nos atropelam – admite Valmir Pacheco, neto e filho, respectivamente de Adriano Joaquim Pacheco e Domingos Pacheco – mas os mais velhos, de fato, ainda lamentam, não a mudança física, mas alteração das relações de amizade. Antes a Vila tinha uma vida de cidade do interior. Hoje as coisas acabaram sob este aspecto."

Mas não somente sob este aspecto. Como Aristides admite, a Vila Madalena estourou. Em comparação com um bairro vizinho, como o Butantã, no ano da graça de 2002 depois de Cristo, os preços dos aluguéis estão quarenta por cento mais caros. No entanto, nem tudo o que a Vila hoje tem representa o melhor que ela poderia ter: o barulho aumentou, a violência também: são poucos os que se cumprimentam na rua, perguntando pela mulher e os filhos. E o metrô que chegou sob o pomposo nome de "Estação Vila Madalena" não está propriamente dentro da Vila, mas a muitas quadras do seu centro, vale dizer, onde as pessoas moram, e onde funciona o melhor de seu comércio, principalmente noturno. No mais, poucos bairros têm um trânsito tão intenso quanto os da Vila.

Nem tudo piorou. Em comparação com os tempos em que o já falecido Adriano Joaquim Pacheco dividiu uma garagem que alugara em dois espaços – um para a sua mesa de trabalho, o outro para guardar o seu carro – muita coisa realmente mudou. Adriano não tinha a intenção de aumentar seus negócios já nos primeiros anos, isto é, de 1972 em diante. Os portugueses madalenenses, seus patrícios, para os quais ele alugava os imóveis, eram pessoas simples que buscavam uma compensação para o investimento que tinham feito em suas casas. As edículas do fundo de seus quintais (quando a Vila tinha quintais) subitamente desocupadas por seus filhos, que não precisavam do auxílio dos pais, por terem sua vida profissional assegurada, constituíam um bom negócio. Mas não era o que um empreendedor poderia almejar de mais lucrativo. Nos primórdios da emergência dos barbudinhos e das barbudinhas – esse era o nome que circulava para designar as moças com as saias compridas e com seu jeito desabusado que escandalizava – a Vila Madalena era um enclave no bairro de Pinheiros. Não tinha a elegância do Alto de Pinheiros, nem a pujança para os bons negócios do centro de Pinheiros, que se resumia praticamente à Teodoro Sampaio. Hoje a Pacheco Imóveis tem uma bolsa de 1.500 imóveis para serem ocupados – algo que significa mais ou menos 90% dos que existem na Vila para esse fim. E que constituem, ao todo, mais ou menos 60% do que a Pacheco tem à sua disposição.

São números – mas que representam o que aconteceu com a Vila Madalena depois da sua transformação em bairro boêmio, e o que um ou outro processo ajudou a desenvolver como atrativo, tal como a novela que levou o título de Vila Madalena – uma bobagem que, no fundo, beneficiou principalmente os empreendimentos imobiliários.

Alguns fatos são irretorquíveis. Na classificação geral que o capitalismo faz das classes sociais – não para efeitos do que Marx disse, para desenvolver sua teoria sobre a luta de classes, mas para que as coisas fiquem bem claras quanto ao que as empresas podem fazer em conformidade com seus interesses –, a Vila Madalena sempre oscilou entre as classes "b" e "c". A "classe" definida sob a letra "c", cujos rendimentos oscilam em conformidade com a política de salário mínimo do governo, sempre morou em locais cujo maior exemplo é o conjunto do BNH – um ponto referencial da Vila Madalena e que nunca despertou grande interesse da assim denominada "classe b". Nos últimos anos, entretanto, uma vez que a Vila adquiriu todo o encanto que lhes deram os que hoje não podem morar nela, e que se bandearam para o outro lado do rio Pinheiros – houve uma valorização dos preços dos aluguéis e, talvez, das compras de imóveis, da ordem de mais de 40% – um número que Valmir Pacheco julga definitivamente exagerados. Mas que tem a ver justamente com o que ninguém consegue limitar, que é o desenvolvimento do mercado imobiliário.

Assim também na região de cortiços e favelas denominada significativamente de "Mangue", e que até bem pouco, era totalmente ignorada até mesmo pela classe "c" – mas que hoje já está modificando seu perfil. Inclusive para a classe "b".

Quem lucra com isso? Claro que a Pacheco lucra. Mas não sem os riscos que acossam esse tipo de negócio. Atualmente a inadimplência dos locatários que são administrados pela Pacheco é da ordem 3% ao mês. O desemprego está expulsando muita gente da Vila Madalena. Ao desmoronamento da miragem do neoliberalismo da era FHC – uma ilusão que mobilizou parte da classe média e que constitui a grande maioria da Vila Madalena – os dados não são de molde a fazerem a alegria e o alívio de quem não acreditava muito nas profecias de alguns barbudos (quando alguns deles diziam coisas que não confluíam com o que o capitalismo brasileiro gostaria de escutar ou admitir).

"Já foi pior" – diz, mesmo assim, Valmir Pacheco.

O pior aconteceu, de fato, na primeira crise cambial, quando as grandes empresas se endividaram ainda mais com o exterior; e quando o receituário do tal mundo globalizado ordenava que os empresários se descartassem da mão-de-obra mais barata, substituindo-a por equipamentos e pela tecnologia comprada lá fora. As coisas, enfim, não deram muito certo. A palavra crise volta à ordem do dia para os negociantes de todos os quadrantes do Brasil e não apenas da Vila Madalena.

Apesar de tudo, a Pacheco vê uma luz no fim o túnel. Sua constatação otimista se faz por um dado que nem sempre é confirmado pelas estatísticas. Entre os inadimplentes com os aluguéis, contam-se quase sempre assalariados, não os donos das quitandas, dos pequenos negócios ou mesmo dos bares da Vila: eles estariam se garantindo e garantindo um retorno econômico financeiro impensável para alguns analistas. A conclusão apontaria para uma espécie de moratória da boêmia: a trégua da crise estaria, romanticamente, nas mesas de um bar. O que, de qualquer modo, seria a combustão para a confiança quase compulsória do clã dos Pacheco.

No mais, porém, a verticalização da Vila Madalena já atingiu níveis incomensuráveis – um segmento de mercado que, a rigor, não diz respeito à Pacheco. Fiel ao velho Adriano Joaquim Pacheco que morreu há pouco, aos noventa anos, tomando diariamente seu vinhozinho português, a Pacheco especializou-se em imóveis antigos, já usados, aqueles que mais atraíam na Vila Madalena e que talvez, num futuro não muito remoto, venham a se extinguir na esteira da explosão da construção civil da Vila.

Haveria então que falar da qualidade de vida das pessoas, um tema que a Pacheco evidentemente não discute. Valmir não sabe, compreensivelmente, o que dizer sobre a questão da explosão imobiliária com a conseqüente deterioração do ambiente urbano. A destruição cultural do bairro de Pinheiros, mais especificamente da Vila Madalena, a rigor, não lhe diz respeito em nenhum caso conhecido: ele não tem empreendimentos na área da construção civil, não explora condomínios – que lhe poderia ser uma boa fonte de rendas – e cultiva a filosofia de seus antepassados, de não permitir a menor inadimplência sob hipótese alguma. Seria como vender fiado, ou, num raciocínio mais amplo, não acatar a dinâmica do mercado que é o que lhe dá muito mais que uma sobrevida.

Numa coisa Valmir Pacheco tem de admitir que a Vila era bem melhor e talvez ele não soubesse, é no capítulo em que as coisas da Vila diziam respeito ao seu passado – não apenas dele e de sua irmã que também administra a imobiliária. Sua esposa, ele a conheceu na Vila Madalena. Era um tempo em que o bairro ainda não ensaiava ser o que acabou sendo, como parte das leis da matriz da cidade grande, que vive ao sabor do *diktat* do mercado.

Restaria inquirir se Valmir fosse o responsável por algo mais que ele herdou de seu avô, se a Vila Madalena preservaria seu perfil. Disso Valmir, coerentemente, não cogita sequer discutir. Se os bares continuam existindo — agora mais que nunca com liquidez (é o que lhe sugerem, afinal, suas próprias contas: eles não estão quebrando e pagam seus aluguéis religiosamente) —, e se o pequeno comércio, apesar de tudo, está de pé, fica a suposição de que a Vila que lhe interessa, essa está em pleno funcionamento.

Seus números o confirmam. Num cálculo bastante pessimista, Valmir admite que os aluguéis da Vila Madalena cresceram em mais de 200%, desde que o velho Adriano Joaquim Pacheco abandonou um mercadinho contíguo à imobiliária de hoje, para se sentar na escrivaninha de corretagem com que começou seu negócio numa garagem. Daí a conclusão de que: "Não está mal, não mal está mal" parece apenas uma frase. Mas Valmir Pacheco não parece preocupado em projetar qualquer futuro catastrófico ou, pelo contrário, otimista. A Vila Madalena é um ponto na cidade grande. Assim como os preços imobiliários estouraram no entorno das estações de metrôs, inaugurado algures — na Vila Madalena ou na Vila Mariana (que hoje concorre com a Vila Madalena, sem a mesma história para contar) — os equipamentos que a cidade vai ganhando são como lenha na fogueira dos negócios imobiliários. Há as leis de zoneamento, os impedimentos legais, os ordenamentos. Não são coisas que possam preocupar. Por enquanto.

Enfim e para concluir: a se dar crédito à frase atribuída ao chargista Chico Caruso de que os aluguéis da Vila Madalena se tornaram caros por causa do *couvert* artístico, fica mais ou menos assente que, a essas alturas, o artístico pouco tem a ver com o atual *couvert*. Pelo contrário, certamente por causa da exploração imobiliária, o que era dos artistas, hoje é menos da Pacheco e mais da construção civil. Ficam na Vila, quem sabe, a aura, ou, no máximo, um ou outro artista já estabelecido. Quanto aos emergentes, estima-se que comecem a inventar o seu *couvert* em outro lugar.

Em que se conta sobre as noites de São João na Vila Madalena e sobre as vicissitudes dos que pouco sabem da arte de servir bebidas quentes; ou de como a arte e os artistas pouco acrescentam à arte de servir em quermesses e o resto imaginável

Existem várias formas de se fazer quentão e vinho quente — condição *sine qua non* para o início e o fim de uma boa festa junina, seja em que ponto for do chamado território nacional, incluindo-se aí a Vila Madalena. Em quaisquer dos casos, há que se dosar a pinga, para o quentão; e o vinho, para o segundo, os dois com ingredientes que vão do açúcar à canela, passando pelo cravo e o gengibre, tudo devidamente posto na panela para ferver. O cuidado a ser adotado, como norma, é que não se queimem as respectivas beberagens; feito isso, porém, como segunda recomendação, deve-se cuidar que as bebidas em estado de quase fervura não queimem ninguém.

Nenhuma das duas recomendações constavam das listas que tinham sido feitas na festa junina que a associação Pau Pau da Vila Madalena estava promovendo na praça das Corujas. De modo que foi com um ânimo altamente positivo que Pedro Marceneiro e o artista plástico E.S. incumbiram-se de buscar tanto o vinho quente quanto o quentão. Ambos tinham sido preparados numa casa da rua Natingui, havia apenas que pô-los na caminhonete do Pedro e transportá-los para a praça das Corujas, coisa de algumas quadras acima. A praça das Corujas não fica entre as poucas planuras da Vila Madalena, deve-se a isso, diz-se, a preferência das corujas pelo local.

Postos os dois panelões na caminhonete, alguém se lembrou de que os automóveis, como o termo que o define e indica, pressupõe um balanço altamente instável para os líquidos que estejam porventura colocados em recipientes no seu interior. Foi o que Pedro observou a uma das senhoras, co-autora do quentão e do vinho quente.

"Não tem problema", diz a senhora, "vou tomar providências". E, prestimosa, busca dois panos limpos de algodão: além de cobrir os panelões, eles engrossariam as bordas dos dois grandes recipientes a fim de se manter as tampas nos respectivos lugares.

Tudo firme, o pintor e o marceneiro encetam a viagem de pouco mais de sete quadras. Já no primeiro obstáculo, porém, os líquidos, seguindo as leis inexoráveis da física, atravessam os panos, destampam as panelas, começando a molhar o carro. Seria apenas o início de um incidente sem maiores conseqüências, não fossem dois outros problemas complicados: o frio da noite que não era de se desprezar e a quentura das bebidas — que não era igualmente para ser relevada sem mais nem menos. Logo o vapor do vinho alastrava-se pelo carro, cobrindo totalmente a visão de seus dois ocupantes e, uma vez que o Pedro podia continuar avançando pela noite com vagar, ainda que completamente cego pelos eflúvios do vinho e da pinga que iam molhando o carro todo, não havia como evitar o cheiro de um e outro que começou a impregnar o carro para os próximos seis meses. Mesmo assim, já com metade do conteúdo dos panelões devidamente derramados pelos bancos, os dois puderam chegar, por fim, à barraquinha em que estariam à venda o quentão e o vinho quente.

"Depois eu lavo o carro" — diz Pedro.

"Depois ele lava" reitera o artista, tentando acalmar o escultor Rubinho, que não consegue atinar muito onde estão os panelões que teimam em se esconder na cerração da caminhonete subitamente indevassável no mais estrito estilo londrino. Há um fogo na caminhonete, só falta Jack o Estripador, pensa o pintor.

Ele e Rubinho estão encarregados pelas mulheres, a Márcia e a Marisa — na verdade, coordenadoras da festa junina — de venderem as duas bebidas a preços módicos numa barraca especialmente preparada para o mister. Quando conseguem arrancar, em meio à bruma, as duas panelas, já o cheiro da bebida se espalha entre os que acorreram à festa — isto é, o pessoal da favela e das cercanias da Vila Madalena e Vila Beatriz — todos bastante animados com a quermesse que, de fato, corre solta e afável em meio ao serviço de alto falante de um coreto improvisado, que toca quadrilhas, *rock* e alguma MPB.

Primeira dificuldade prática: "quanto vamos cobrar pelas bebidas?". A discussão felizmente rápida, demonstra o nível de organização da quermesse. Um copinho custará algo em torno de 50 centavos — ou é muito? Rubinho interrompe, já nervoso (e quando ele fica nervoso, dê-lhe gagueira): quem quiser comprar tudo bem, o preço está mais que bom: 50 centavos e ponto final.

De fato, ponto final: os dois artistas começam a trabalhar. Seus instrumentos de trabalho são uma concha, vários copinhos de plástico e duas panelas. Chegam os primeiros compradores:

— Vinho quente ou quentão?
— Quentão.

A decisão, ainda teórica, é fácil: Jorge segura o copinho, Rubinho enfia a concha de sopa na panela e, com a meticulosidade e a certeza de quem está habituado a lidar com goivas e cinzéis, derrama decidido e com todo o cuidado que o trabalho exige o quentão no copinho que E. S. segura. O líquido que está esquentando sobre um fogãozinho, como o aço derretido que verte pelas caldeiras dessas metalúrgicas que se vêem nos filmes antigos, escorre fervente da concha para o copinho e, da mesma maneira, com a previsibilidade de um líquido que se espraia para lá das margens de um rio, vai se espalhando aos poucos, devagarzinho também, sobre os dedos do pintor. A primeira reação que lhe ocorre, é a de dar um berro; mas há uma morena bonita sorrindo-lhe com fichinhas de várias doses de quentão e vinho quente. Um suspiro dobrado, quase um guincho, proferido dignamente – briosamente, na verdade –, é o único que se entreouve abafado da garganta do pintor. Rubinho que está bebendo cerveja já há algum tempo – sem falar no quentão que ele experimentou algumas vezes, "para ver se está bom" – evidentemente não se dá por achado em seus bons modos de servidor de quentão. Logo é o vinho quente que, da mesma forma com que escorre da concha ao copinho, também se espalha em porções generosas pelos dedos com que o artista pensa poder esgrimir seus pincéis numa tela amanhã de manhã, bem cedo. Novo grunhido; o Rubinho feliz e descontraído nem aí para as caras com que E. S. vai se descompondo em dor e o berro preso na garganta. (A bela morena continua encantada com seu olhar de doçura e de quentão.)

Difícil calcular quantas conchas derramadas eqüitativamente sobre os copinhos e pelos dedos vão prosseguindo noite afora, até o momento em que o pintor se propõe a trocar "um pouquinho" as tarefas: "Agora sou eu quem põe o quentão no copinho" (o pintor ia acrescentar "e não necessariamente nos meus dedos, seu idiota"; mas prefere se calar). No fundo, no fundo, E.S. não pensa em vingança. Basta-lhe inverter a ordem das tarefas e dos tarefeiros: ele com a concha, embebendo-a com o quentão ou o vinho quente; o Rubinho segurando os copinhos (a morena desapareceu, perdeu-se na multidão que agora acorre cercando a barraquinha dos dois artistas da Vila).

As posições se invertem, realmente, em todos os sentidos, só que, até hoje, o pintor não sabe a quem recorrer: se às explicações feitas sob juramento de que não tinha intenção de derramar quentão na mão de escultor, ou se admite que sim, que em vista do retorno da morena pedindo mais vinho quente, distraiu-se encantado pondo, desta vez, mas não pela última, mais líquido quase fervente nas mãos do Rubinho do que no copinho que ele segurava. A verdade é que Rubinho grita, gagueja impropérios, seguem-se as desculpas protocolares.

"Foi mal, foi mal" profere o pintor sinceramente compungido. E, naturalmente como tinha sido mal da primeira vez, na vez seguinte acabou sendo pior ainda (o diabo da morena não lhe tira os olhos de quentão). Ainda desta vez há uma equanimidade nas porções de vinho quente: uma das doses vai naturalmente para o copinho, a outra esparrama-se naturalmente para os dedos do escultor.

A quem pudesse esperar uma briga entre os dois artistas da Vila Madalena, informa-se que ela não aconteceu. Depois de um curto debate em que foram apresentadas as razões de parte a parte, com a data vênia distribuída também em doses protocolares e iguais, decidiu-se que as mulheres organizadoras da festa, que elas é que eram as culpadas e que, se estavam achando que podiam fazê-los reféns de uma barraquinha de vinho quente e quentão, que parassem por ali. Que a organização fosse da Márcia e da Marisa, tudo bem, nada contra. Mas que elas lhes impusessem uma tarefa daquelas, era demais. Claro que não falaram assim e é evidente foram extremamente cuidadosos: "Sabe, Márcia, diz E.S., a gente não está acostumado com isso de servir quentão e vinho quente..."

Não acrescentou que lhes doíam os dedos avermelhados pela quentura das bebidas. Guardaram ambos de serem convincentes sem agressividade. Para surpresa dos dois, as organizadoras concordam: eles que cuidem do tiro ao alvo.

As últimas conclusões do pintor, antes de se consolar de que os dedos ardendo vão deixar de doer se houver manteiga de cacau no ateliê, fazem-se em torno de duas constatações que lhes vão doer mais que tudo, tanto nele quanto no Rubinho.

A primeira parte da doce morena: ela lhe sorri toda abraçada a um negrão de quase dois metros, que, para sua surpresa, também lhe sorri, como a se condoer dele por não saber servir quentão e vinho quente. A outra é para as mulheres que os substituíram na barraquinha e no mister de servir as bebidas quentes. Elas estão pondo quentão e vinho quente em grandes copos de plástico, não entendendo por que é que os copinhos pequenos, que estavam reservados para a pinga, foram usados se ninguém parece querer cachaça numa noite tão fria com o vinho e o quentão tão quentes.

De como a censura da ditadura tudo fez para que a imprensa alternativa não desse certo e de como a imprensa alternativa deu certo na Vila Madalena

O jornalista Raymundo Rodrigues Pereira tem pelo menos dois dossiês bastante alentados. O primeiro é o de ser um dos mais importantes jornalistas da sua geração; o segundo foi o que a polícia política recolheu a seu respeito durante a ditadura militar e que certamente o incluiu entre alguns dos inimigos do regime no período. Não parece ter sido por casualidade, porém, que tanto o dossiê jornalístico quanto o outro — o da polícia — tenham sido sobejamente nutridos exatamente na Vila Madalena.

Até certo ponto houve casualidade sim. Quando montou o jornal *Opinião*, no Rio de Janeiro, nos anos de chumbo da ditadura, nada o faria supor que volveria a São Paulo para montar uma outra publicação. O *Opinião*, projeto do empresário nacionalista Fernando Gasparian, mas também de alguns então notórios homens então de esquerda — como Sérgio Motta, ex-ministro de FHC, falecido há dois anos —, teve uma vida breve e sofrida. Assim que saiu, com uma linha editorial bastante crítica em relação ao que acontecia no Brasil, como o seu congênere *O Pasquim*, que também era produzido no Jardim Botânico, do Rio, logo começou a sofrer censura prévia – um mecanismo engendrado pela ditadura militar que obviamente prejudicou os dois jornais.

Valia quase todo o tipo de truculência para ambas as publicações: n'*O Pasquim* cuidava-se que senhoritas seminuas (o nu explícito, nem pensar) ou piadas não muito de salão fossem devidamente riscadas; já no *Opinião*, aos militares só importava que o jornal não denunciasse nada que pudesse associar o regime à violência ou à má gestão do dinheiro público. Como, porém, o jornal era um cadinho não apenas de jornalistas dos vários espectros da esquerda (imagine-se gente do PCB tendo de trabalhar ao lado de jornalistas ligados à Ação Popular – AP, que representava a esquerda católica, ou mesmo com os trotskistas, e do PCdoB, na época anti-soviéticos e, *pour cause*, com muito trânsito entre os chineses), era evidente que as coisas desandariam. Foi então que, para o grupo do Raymundo, se colocou a opção por São Paulo.

No período, não houve qualquer discussão quanto à escolha do local em que se faria um novo jornal. O *Movimento* – este o nome do semanário que começou a ser publicado em 1976 e que duraria até 1981 – não tinha um programa que incluísse a opção por um local na geografia de São Paulo. Reunindo, de novo, intelectuais de vários matizes, como Maria Rita Kehl, José Miguel Wisnick, Ricardo Maranhão, os irmãos Caruso, o editor de cultura Flávio Aguiar, além de alguns jornalistas, como Bernardo Kuscinsky e Tonico Ferreira, todos ligados direta ou indiretamente, de novo, a partidos de esquerda clandestinos, como o PCdoB e o PCB, sem falar, novamente, nos empresários nacionalistas – esse era um contingente indispensável à saúde financeira dos projetos –, o *Movimento* nem ao menos fazia o número zero e já entrava na lista suspeita da ditadura. E, no momento seguinte, já a censura lhe caía em cima. Fosse como fosse, uma vez escolhida São Paulo, o local não podia ser outro senão a Vila Madalena e seu entorno.

À pergunta sobre o porquê da opção a Raymundo Pereira, muitos anos depois, não parecerá menos do que uma preferência consciente. Contudo, Raymundo não tem explicações prontas. A rua Dr. Virgílio de Carvalho Pinto, que ele e seus companheiros elegeram como o melhor local para a instalação da redação, tinha, em princípio, a proximidade de um ponto especial: a gráfica mantida pela então rede de supermercados Bazar 13, que ficava quase em frente, na Teodoro Sampaio. A escolha, admite Raymundo, talvez, quem sabe, não tivesse nada de casual.

Em 1976 a Vila não era o que se tornaria dois anos depois, com o ingresso de alguns artistas em seus fundos de quintal; mas o espírito de contestação, este logo se impôs, como se, por uma espécie de controle remoto, ou um inconsciente coletivamente partilhado por certos contingentes intelectuais antiditatoriais, tivesse sido assimilado aos poucos entre os que chegavam na Vila, vindos de vários lugares do país e até do exterior.

É bem possível que o espectro da censura a jornais e mentes tivesse criado uma espécie de defesa natural que, num determinado momento – mas também num dado local, no caso a Vila Madalena –, começou a se impor. Alguém diria, com todas as letras, que teria sido uma espécie de Intifada intelectual. Pode ser. Na luta contra a censura valiam tanto o protesto individual – dos artistas com seus modos e suas roupas nada convencionais – quanto o protesto coordenado e coletivo, dos jornalistas e uma grande frente, que incluía empresários, com a imprensa alternativa como primeira opção. Nada estranho que logo a Vila Madalena, a "tal de Vila", como seria mencionada pelo samba-enredo do Pedrão e do Eduzão, se transformasse numa espécie de trincheira natural à violência da ditadura. Era, em todo caso, na Vila Madalena que se reuniam alguns dos inconformados do Brasil da censura prévia.

Quanto a esta, sobram as más lembranças dos que dela dependiam. No caso do *Movimento* os censores, evidentemente, chegavam sem avisar. Havia sempre o trabalho duplo e até triplo de fazer mais que uma ou duas edições. Desde que os comentários, artigos e reportagens perpetrados para a edição não fossem aceitos pelos esbirros, muitos outros, menos explícitos, eram-lhes devidamente submetidos para uma segunda ou até uma terceira avaliação.

Num aspecto o *Movimento* foi paradigmático da resistência à repressão. A gráfica pertencente ao Bazar 13, uma pequena rede de supermercados ligados à família Nassar — pais e irmãos do escritor hoje famoso Raduan Nassar —, se pudesse, atuava com tudo contra a censura. Era os censores chegarem e logo tanto os funcionários quanto a direção, ao contrário do que se possa imaginar no caso de uma empresa, quando podiam, tratavam de avisar imediatamente a redação. E se fosse possível tratavam também de burlar os censores. Em troca, não exigiam muito mais pelo trabalho dobrado ou triplicado. Ao que parece, não se trata apenas da amizade da família Nassar com Sérgio Motta. Amizade havia, mas no meio tempo a solidariedade podia se estender a um projeto que, no fundo, visava à democratização do país. O que se questiona é a estranha coincidência de se ter, num mesmo local, num determinado momento histórico, tanta gente influente, digamos assim, amplamente de oposição à ditadura sem que se possa dizer que a Vila Madalena fosse, em si mesma, um reduto oposicionista. A rigor, àquelas alturas, eram duas as Vilas: a que se espelhava nos artistas, e que por sua própria natureza não podia ser favorável a um regime censor que tinha os artistas e as artes como seus inimigos naturais; e a outra que nem sequer desconfiava da existência de uma vila de artistas, mas que era programaticamente de oposição. E que, por isso mesmo, não dava ao Estado, tomado pelos militares, outra opção que não a de mobilizar censores para neutralizá-la. Já se sabe no que deu: entre trancos e barrancos a ditadura acabou. Em função dos trancos o *Movimento* desapareceu. Restaram alguns barrancos: a Vila Madalena foi um deles.

E, contudo, a Vila Madalena não era o que é hoje. A distância que existia entre a cerveja, a pinga, o uísque e o vinho, essas bebidas todas que se encontram nos bares e que fazem o dia-a-dia dos jornalistas, e a redação do *Movimento* na Virgílio de Carvalho Pinto era quase igual à que havia entre o centro de São Paulo e o bairro de Pinheiros, onde se situa a Vila. Ou seja, Raymundo Pereira considera, a respeito, que parte da atração exercida pela Vila Madalena para projetos como o dos jornais alternativos deveu-se menos à distância que havia entre o pessoal do *Movimento* e os bares que começavam a se formar no outro lado da Teodoro Sampaio do que entre a posição geográfica da Vila e os dois centros econômicos de São Paulo: isto é, entre o que todos chamam de "centro Velho" da Paulicéia e a avenida Paulista, onde está a caixa-forte do Brasil. Tanto um como a outra não tinham muito a ver diretamente com o *Movimento* ou com o Brasil real (que, de resto, eles nunca tiveram), mas era neles que muitas outras questões eram resolvidas. Para o *Movimento*, de qualquer maneira, impunha-se, com urgência, a outra questão, bem mais prosaica além da censura: como resolver o problema do bar, de boteco que fosse, para a sede dos jornalistas e seus colaboradores após o expediente?

Não existem estudos que relacionem a profissão do jornalista com o álcool, ou dos artistas com outros tóxicos. No entanto, desde Villon, poeta renascentista francês, essa relação existe. E na Vila Madalena (como de resto em qualquer parte do mundo onde existam jornalistas e artistas) isso também aconteceria.

No período, embora a Vila não fosse ainda Vila, no caso do *Movimento*, buscou-se a alternativa: alguém se lembrou de abrir uma porta ao lado da redação e improvisar um bar. A possibilidade da liberdade de expressão era, então, apenas um sonho; mais um bar, em se tratando da Vila, nem tanto.

Sob este e outros pontos de vista, os outros jornais que logo desembarcaram na Vila tiveram, em geral, melhor sorte: se ninguém estava longe dos militares e de seus censores, tanto o *Em Tempo* quanto o *Versus* e, mais tarde, o *Jornal de Pinheiros*, todos, de um modo geral, estavam mais perto dos bares.

Raymundo Pereira já não bebe como nos tempos do *Movimento*. Aliás, da redação e dos amigos que lutaram contra a ditadura e sobreviveram, ele não estava entre os que mais bebiam. Sobrou-lhe, contudo, anos depois, a recomendação médica de que no lugar da antiga cerveja ele se saciasse, sobriamente, com uma espécie de eufemismo mais caro e melhor – o vinho. Como nos bares da Vila o vinho tem o preço que sempre é cobrado em todos os bares da vida, a conclusão, se é animadora para a saúde, nem sempre o é para a sanidade dos que lutam contra o sistema.

A ditadura caiu, as moscas mudaram, a dura vida do jornalista contestador, se mudou, foi pela alteração de algumas regras. Sérgio Motta, o lutador de antanho, resignou-se a cumprir o papel que os novos tempos e o poder lhe concederam até a morte. Por outro lado, muita coisa mudou; Raymundo certamente um pouco menos.

"Sempre fui um maníaco", diz, "só que agora estou um pouco mais depressivo."

Ironias à parte, o que ele menos considera mudado talvez seja mesmo a Vila Madalena. Ela já não é o que era antes. Mas, ao projetar mais uma de suas publicações, Raymundo Pereira pensou primeiro em Osasco e, de fato, acabou implantando a sua *Revista Reportagem* na cidade da Grande São Paulo. A seu ver, haveria uma maior proximidade como seu público-alvo – isto é, os operários, os trabalhadores. Feita a tentativa, porém, ela acabou não dando muito certo. E não porque as aves que gorjeavam em Osasco não gorjeassem como na Vila Madalena, mas porque na cidade operária, talvez por ser operária, não há proximidades físicas que viabilizem certos projetos. Eles podem existir em outros lugares e se aproximar igualmente do povo como quaisquer outras publicações de outros tempos. E, como se tratasse de ter uma proximidade efetiva com alguns centros irradiadores, nada lhe pareceu mais adequado a essa idéia do que voltar à Vila Madalena. É na Vila que a *Reportagem* hoje atua. Ao lado precisamente, e talvez não por coincidência, da Revista *Caros Amigos*, outra publicação tão teimosamente contestadora quanto todas as outras que vicejaram na Vila de antes e de agora.

Em que não se conta a história
da música da Vila Madalena, mas em
que se informa que essa Vila fez samba
também, e muito mais

Assim como é difícil afirmar que a Vila Madalena produziu um tipo de cinema que seria tão significativo quanto o que a Boca do Lixo realizou, e paradoxalmente durante a ditadura militar (e que lhe foi típico por representar uma geografia humana específica), o que os compositores e intérpretes produziram, musicalmente, no âmbito da Vila só com muito esforço se pode ajuizar como sendo característico do que só a Vila poderia produzir. No entanto, feitas todas as constatações, nada foi tão notável quanto os músicos que dela emergiram; e que se não eram dela, muito dificilmente poderia ser produzida além das suas fronteiras.

Que alguns bons músicos viveram e vivem na Vila, isso sua vida noturna e algumas experiências teatrais explicam perfeitamente. Personalidades como Capenga, Gereba ou Arrigo Barnabé, para só mencionar alguns, são por demais conhecidos para além da Vila para que não se lhes dê uma importância que eles de qualquer modo têm fora dela. Surpreende, aliás, que tantos bons músicos e intérpretes ainda vivam ou — num certo tempo — tenham vivido na Vila Madalena. O porquê da sua existência na Vila Madalena e não fora dela responderia menos sobre o que o bairro lhes inspiraria do que sobre o que certa parte dos artistas têm nela como refúgio, ou mesmo como oportunidade de trabalho. Seria em tudo estranho, por exemplo, ouvir de um Zeca Baleiro que ele viveu na Vila — se é que ainda não vive — pela simples razão de que ali moravam alguns de seus companheiros, ou de que a existência na Vila não lhe seria melhor do que em outros pontos de São Paulo.

São questões a que talvez uma enquete entre os músicos poderia responder. Seja como for, na década de 1980, a Vila teve muitos músicos instrumentistas e compositores populares — mais do que em outros lugares, em São Paulo. E se é certo que não existe uma música "típica da Vila" é indiscutível que sem seu ambiente ela não teria resultado no que foi. Fala-se de música num sentido muito amplo, entenda-se.

São incontáveis os músicos que tocam ou que se exprimem pela música dita de concerto — e que, a meu ver, não deve ser adjetivada como "erudita" ou por qualquer outro epíteto, simplesmente por ser música na sua gênese fundamental, e por ser aquilo que os outros gêneros de repente alcançam por se alçarem à condição de dispensar adjetivos — e que, quem sabe, por isso mesmo, vivem ou viveram na Vila Madalena. Pode-se citar, aleatoriamente, um músico como Marco Antonio Cancello, flautista que há anos vive na Vila, mas se pode pensar num outro flautista mais eclético como o Antonio (Toninho) Carrasqueira, que viveu na Vila Madalena durante anos. E que sob muitos aspectos — a começar justamente pelo ecletismo — reflete, em muito, o que é a Vila Madalena.

Como explicar essas e outras presenças?

As respostas podem ir desde a sempre lembrada atração dos aluguéis baratos até ao que o local em si inspiraria, ou facilitaria, por contar com outros músicos, ou mesmo com outros artistas. Pode-se aventar que os bairros das grandes cidades atraem por razões subjetivas que nem sempre são perscrutáveis, ou que não se explicam pelas razões com que julgamos serem objetivos os números e não objetivos as vontades ou os desejos. Para todos os efeitos, se os músicos da Vila não produziram música por estarem na Vila, nada do que, musicalmente, se fez nela pode ser negligenciado.

O caso do Arrigo Barnabé seria o mais visível. Foi na Vila Madalena, ou antes, em sua circunstância que ele produziu o seu *Clara Crocodilo*. O espetáculo — uma ópera *pop*, se se pode definir a coisa por aí —, se não foi diretamente inspirada pelo que era a Vila nos anos 1980 — não deixou de se expressar, em sua proposta, na graça que a Vila tinha, na sua feição displicentemente humorada com que se houve perante os padrões mais ou menos rígidos, que vigiam acolá, além das suas fronteiras. Bastava conversar, à época, com o próprio Arrigo. Sem mencionar a Vila Madalena, era evidente que o que não se devia a seu ambiente, a seus amigos, devia-se ao ar que se respirava nos bares, aos quais ele devia pelo menos o incentivo a seu inegável talento.

Menciona-se o Arrigo Barnabé por suas partituras, por sua formação construída também no âmbito do Departamento de Música da Escola de Comunicações e Artes da Universidade de São Paulo, na qual ele estudou, e de onde provém também seu indiscutível *métier*. Mas a alusão a seu nome como artista da Vila Madalena não pode ser subestimada; assim também quando se relacionam alguns intérpretes como Toninho Carrasqueira, ou Capenga, ou Gereba ou outros tantos, menos ou tão importantes. A presença de um trombonista do nível do Raul de Souza, que durante certo tempo se hospedou na casa do fotógrafo Javan Ferreira Alves, não se deu apenas porque o "prefeito da Vila", como se diz do Javan, o acolheu (assim como o faria o José Luís Pena com outros artistas). Se tantos músicos preferiram a Vila, não era porque a parte aqui considerada do bairro de Pinheiros não lhes fosse mais adequada ou atraente.

Essa a questão mais pertinente ou talvez a única: a Vila Madalena enquanto reduto de certos artistas num determinado momento poderia ter se constituído num centro bem mais ativo fossem, quem sabe, outros os tempos (que não os da ditadura militar), ou outra a conjuntura (que não a do capitalismo periférico como o do Brasil).

Óbvio: há nisso o que só o futuro vai esclarecer com a devida dimensão. A importância que a Vila Madalena teve, para a música ou para os músicos, não pode ser medida a partir de considerações genéricas. A Vila Madalena ainda é um local de alta ressonância musical em São Paulo. Desde os últimos anos, já não se fala mais da música de consumo mais à vanguarda – como seria a que mobilizou boa parte dos instrumentistas e compositores que viveram na Vila no fim da década de 1970. Das bandas de *rock*, como a que tinha o Piriri como cantor, aos pagodeiros que hoje em dia tocam nos bares da Vila, há muitas diferenças. Dos músicos de vinte anos atrás – dos quais o Arrigo Barnabé parece ser a figura mais visível – talvez se pudesse dizer que tinham como projeto se impor à televisão, às rádios, às gravadoras pelo que eram e não pelo que este segmento quisesse que eles fossem. Um músico de qualidades indiscutíveis como Zeca Baleiro parece ter se imposto dessa forma – pelo que fez a despeito do que o mercado lhe exigia. Digamos que ele e seu grupo sejam, atualmente, alguns dos representantes daqueles tempos. A diferença com os pagodeiros que assumiram a maior parte dos bares da Vila é que se, em outros tempos, os músicos buscavam a originalidade para impor seus padrões os de hoje acatam os padrões para se adaptar a eles.

Há diferenças visíveis e inegáveis entre os que se faziam, como músicos, participantes do que era da Vila e que a ela pertenciam e os que hoje vêm de outros pontos de São Paulo para se apresentar na Vila. Aqueles, se não eram produto da Vila, fizeram-se nela, uma grande parte em contato não apenas com um Brasil que contestavam, mas com uma América Latina que, a seu turno, encontrou na Vila Madalena um ambiente mais que favorável. A difusão, o amplo apoio que músicos ditos de "raízes", como Dércio Marques, tiveram, a seu tempo, na Vila, deu-se tanto pelo que sua música tinha do Uruguai e do pampa argentino, ou seja, do que era então a onda da latinidade (de que a revista *Versus*, inventada pelo Marcos Faerman, fez-se uma das porta-vozes), quanto pelo que os latino-americanos representavam para grande parte dos intelectuais e artistas que viviam na Vila Madalena.

A leitura de escritores latino-americanos, a audição da música dos países platinos e andinos constituiu, na verdade, um momento único da Vila. Tão único que poucas vezes se ouviu num concurso de música instituído pela TV Globo uma vaia tão grande quanto a que acolheu Dércio Marques e seu grupo (Dorothy Marques, Saulo Laranjeira, Zé Gomes e outros) em pleno Maracanãzinho por ocasião da sua entrada em cena, antes que tocassem a música com que iam concorrer. Os cariocas, hostis a uma expressão que, àquelas alturas, só era importante para os vilamadalenenses, sentiram-se resolutamente agredidos com os trajes e, portanto, com os sons que o Dércio Marques iria fazer logo em seguida. Não havia nada entre o que a Vila Madalena escutava e o que o resto do Brasil talvez tolerasse e que pudesse ser aceito pela cultura musical carioca até então dominante.

Certo: a onda de latinidade de revivescência da cultura latino-americana não foi uma exclusividade da Vila. Mas os influxos musicais que vieram do Sul — com alguns conjuntos que pretendiam tornar palatável a música gaúcha da Argentina e do Uruguai (com o Brasil de contrabando), ou do Paraguai, sem falar nos gêneros andinos provindos da Bolívia ou do Peru, ao abrirem uma brecha no gosto musical médio dos paulistanos da Vila, acabaram, indiretamente, difundindo para todos os cantos do país a música de Goiás, do Mato Grosso e de outras regiões, até então muito pouco escutada entre os estratos da pequena burguesia mais ou menos esclarecida. E que, por sua vez, vinha ressoando a música de alguns dos países mencionados, e fronteiros àquelas regiões. Tornar-se latino-americano entrou na moda com a música de Violeta

Parra, o tango de Piazzola e, naturalmente, com a moda a que o cronista social Telmo Martino batizou de "poncho e conga".

De fato, de repente, o frio de São Paulo começou a ser enfrentado, em plena Vila Madalena, com todo o aparato que argentinos, chilenos, bolivianos, peruanos e uruguaios traziam de seus países. Talvez seja exagerado afirmar que o grupo Raíces de América tenha encontrado num diretor de teatro tão sofisticado como Flávio Rangel a feição que o tornasse palatável para o Canecão do Rio de Janeiro. Mas, na contramão da grande vaia que Dércio Marques e seu grupo receberam no Maracanãzinho, o Raíces de América faria um sucesso duradouro no Rio de Janeiro. Afirmar, categoricamente, que sem a influência da Vila Madalena e sua latinidade isso não seria possível pode parecer mero bairrismo – mas não é.

Assim também em relação à música brasileira ou o que quer que se considerasse tal perante o quase exclusivismo do samba que vinha do Rio de Janeiro ou dos outros ritmos e gêneros saídos da Bahia. E que não era senão o que nascera sob o influxo da bossa nova do Rio e do baião do grande Luiz Gonzaga.

Na Vila Madalena, as coisas, sem dúvida, se misturaram e também pelo que era da sua indiscutível natureza eclética – informada pela própria tolerância não apenas pregada, mas vivida.

Tais coisas talvez se expliquem por aí. Assim como Chico César se instalou na Vila pela mesma razão que o fizeram outros tantos, graças a isso a Vila ainda hoje é uma referência por seus numerosos conjuntos que então surgiram, tais como o Tarancón, que tocava música latino-americana, o Bendegó, que afirmava a música do Nordeste. Entende-se por essa via que um músico, algo estranho em seu medievalismo nordestino (?) como Elomar, preferisse a Vila a qualquer outro bairro de São Paulo, ou que Almir Sater e seu grupo com a música do Centro-Oeste brasileiro fizessem da Vila Madalena uma espécie de campo avançado – algo que o nutriu e que, afinal, iria sedimentá-lo para outros vôos.

Talvez alguém pudesse sugerir que a Vila, por influxo do latino-americanismo que animou algumas de suas noitadas, exumou de um injusto anonimato uma música que, não sendo a sertaneja nem nordestina nem carioca, acabou se impondo. Este é, realmente, o caso do próprio Almir Sater. Mas as coisas foram muito além. Se é quase impossível imaginar o ambiente da bossa nova sem um João Gilberto, na Vila a confluência de intérpretes e compositores fez-se como o máximo que se podia esperar de um ambiente. É o que explica que dele saíssem tantos artistas como aconteceu. Foi na Vila, mais que em outros bairros, que nasceram muitos intérpretes, por serem também numerosos os compositores.

Cantoras como Suzana Salles, Tetê Espíndola, Vânia Bastos — também compositora — podem não ter se feito, necessariamente, na Vila ou pela Vila, mas cresceram musicalmente na vivência com colegas e compositores que, por sua vez, puderam criar em conformidade com algumas características de muitas delas. E justamente por freqüentarem a Vila Madalena. O timbre e a voz de soprano *coloratura* de uma Tetê Espíndola certamente não teriam animado as composições que a bom tempo lhe dedicaram compositores como Arrigo Barnabé e Itamar Assunção. O inverso também vale: Ná Ozzetti talvez não se distinguisse, não fosse a Vila e muitos de seus compositores.

Esta, porém, é uma história ainda a ser contada. Uma avaliação minimamente justa do que foi feito musicalmente na Vila, teria necessariamente que relevar, entre muitos, um compositor pouco falado como Carlos Queixo, um percussionista como Eduzão ou um letrista como Pedrão. São alguns "barões assinalados" de que a própria Vila pouco sabe por pouco sabermos de nosso próprio umbigo. E não será certamente um palpite infeliz dizer da Vila Madalena que ela fez samba também e muito mais.

Sobre a beleza que não põe a mesa, mas que é fundamental; ou porque São Paulo é mais parecido com o Brasil do que o Rio de Janeiro; ou porque o homem cordial não existe apenas na Vila Madalena

A Vila Madalena não é um bairro bonito. No tempo em que começou uma nova existência como bairro, quando os barbudos melenudos começaram a invadir o fundo das casas dos antigos portugueses, a Vila tinha uma aparência modesta de cidade do interior. Não das que foram desenhadas pela arquitetura colonial, de que são exemplares as cidades mais antigas de São Paulo, mas daquelas desgraciosas, com um que de bairro periférico de certos centros urbanos não industrializados. Por não ter sido um bairro industrial, mas apenas uma paragem hortifrutigranjeira em meio à cidade grande, muito do que a Vila Madalena sofreu, ao se transformar, foi paulatinamente um enfeiamento – como dessas moças que não ficam feias por se fazerem mais velhas, mas por serem simplesmente desgraciosas desde sempre.

A construção civil, a transformação, o modismo que fizeram muita gente buscar a Vila sem dúvida tornaram-na desgraciosa – os mesmos edifícios mambembes, os postos de gasolina aparatosos, as oficinas mecânicas monstruosas, as casas de comércio improvisadas — nada do que a cidade de São Paulo não o é em quase todos os seus bairros de classe média. Há a exceção de alguns bares e restaurantes, sem dúvida. Em troca de uma atração a mais que o fato de estarem na Vila Madalena, muitos desses estabelecimentos comerciais reinventaram-se na arquitetura. Assim também as lojas, que não deixam de ser caudatárias do grande centro comercial que existe na Teodoro Sampaio, já no que se sabe ser apenas e tão-somente (se é que isso seja menos) o bairro de Pinheiros.

E esse talvez o mistério da Vila: sua descaracterização como bairro boêmio não a fez menos atraente. A isso que os judeus que se voltam para o muro das Lamentações chamam de sacralidade, e que é o mesmo que dizem os católicos da igreja de Aparecida, ou os fiéis das várias denominações protestantes sobre seus templos — há uma aura na Vila que a faz atraente, independentemente do que foi feito com ela nesses últimos anos.

Pelo que fica do depoimento de muitos dos contemporâneos da Vila renascida — chamemo-la exageradamente assim, já que ela renasceu do que era para ser uma outra coisa —, as alterações foram realmente muitas. Antes de ser o que é, a Vila Madalena era um bairro de casas baixas, com grandes quintais. É o que se diz e repete. O que sobreveio depois foi o de sempre numa cidade como São Paulo: a verticalização sem muito critério (aliás, nenhum; e louve-se não só a construção civil por isso, mas a prefeitura, sempre co-patrocinadora de todos os atentados que se fazem contra São Paulo), seguida evidentemente da explosão de um sem-número de casas comerciais voltadas principalmente para o que é precípuo — a derrubada sistemática das moradias antigas, substituídas que são por empreendimentos de todo o tipo. É evidente que o panorama de antes do tal renascimento da Vila é radicalmente diferente de hoje.

Então, não eram incomuns as cadeiras nas calçadas, as pessoas sentadas ou simplesmente reunidas em conversas animadas que o troar das buzinas e do trânsito não lograva atrapalhar. O que se estranhava não eram as barbas e os cabelos, mas todos eles escorridos, molhados, denunciando duas situações algo contraditórias para uma cidade que até bem pouco se orgulhava de ser industrialmente pontual. Os que emergiam dos fundos de quintais, horas depois da saída de todo mundo para o trabalho, tinham os olhos injetados das noitadas e os cabelos molhados do banho recente — quer dizer, às dez ou onze horas.

Vagabundagem? Não necessariamente: os que dormiam tarde podiam se dar ao luxo de acordar depois que todo o mundo. De estudantes ou de professores universitários, não se exige que cumpram senão o que lhes exige o currículo e o programa de ensino, que, na universidade, são emolientes por sua própria natureza. Quanto ao mais, a Vila foi sempre um reduto de profissionais não necessariamente ligados diretamente à produção — cineastas, artistas plásticos, escritores, jornalistas (no caso, pode-se acrescentar, também poetas, também romancistas, também boêmios quase compulsórios, por sempre se deitarem tarde depois do fechamento das edições dos jornais e revistas), além de bailarinos, arquitetos e todo o resto mais ou menos calculável.

Só por aí já se tem um panorama totalmente diferente do que hoje acontece. Mesmo porque a explosão demográfica da própria Vila já não supõe que o olhar do transeunte se demore sobre quem está com os cabelos molhados ou com os olhos avermelhados de tresnoites.

Claro, dizer que a Vila não é bonita não equivale a conceder que ela não fosse feia, ou que já não tivesse sido mais bonita. No entanto, impõe-se dizer isso também. Na parte em que a Vila Madalena começa a ser Vila Beatriz, até bem pouco ainda se podiam apreciar crepúsculos e manhãs radiosas — aquelas que supõem o poeta escrevendo sobre os pássaros da madrugada, o dourado do sol nas copas das árvores ou até mesmo o sol chapando em cores alguns edifícios menos feios, menos pombais ou caixas-fortes.

O impressionante para um pintor que se dedicou durante anos a flagrar algumas paisagens da Vila é o quanto ela se transformou em apenas uma década. De repente, de onde se avistavam casas emergindo em meio ao arvoredo até a vista se perder pelas alturas, em questão de meses nasceriam como que adamastores implacáveis, imensos espigões de concreto numa multiplicidade de montanhas quadradas – monstros que a construção civil engendrou em cima da fama dos que chegaram à Vila Madalena, justamente por não terem como se instalar nos espigões. E que a fizeram atraente por nunca a terem sonhado como a construção civil a foi transformando, gradativa e sistematicamente. Deu-se até uma novela ridícula da Globo em que as coisas se passavam, não na Vila como foi no seu início, mas nos tais apartamentos aparatosos, como se a Vila fosse não o que os construtores aproveitaram dela, mas o que dela fizeram. E quando o que fizeram foi simplesmente um horror.

Não se estendam tais constatações a meros queixumes. A lógica das cidades sob o capitalismo que o próprio capitalismo brasileiro aceitou como "predatório" é essa mesma: uma destruição atrás da outra, sem o aparato das bombas ou dos ataques suicidas – apenas e tão-somente o bombardeio dos lucros escorchantes, o suicídio de uma violência que começa na autodestruição do meio ambiente e não termina no seqüestro dos filhos das classes médias ou mesmo dos tais garimpeiros de lucros desenfreados. Sem sociologismos, a Vila Madalena é o exemplo mais acabado de quanto o Brasil se canibaliza, não fazendo outra consideração que é a mesma do empresário ao bandido, passando pelo empresário bandido ou – sem jogo de palavras, porque se trata de uma verdade – do bandido empresário.

Sob este aspecto, a Vila Madalena encerra uma das grandes questões que hoje afligem a vida brasileira – a saber, as questões das grandes cidades. Para efeitos de propaganda turística, é ao Rio de Janeiro que se dirigem os olhares do exterior quando se trata de julgar o Brasil. Seríamos todos o Rio, é o que dizem os estrangeiros e é o que se lhes apresenta como Brasil. Há inclusive aí todas as mazelas, também para turista ver, como as favelas. Esse é o brasileiro não só para inglês ver, mas para o que os norte-americanos, os franceses, os argentinos ou os chineses quiserem olhar. Dir-se-ia que o equívoco reside exatamente neste *imbroglio*: qual o Brasil que realmente expressa a dinâmica de seu desenvolvimento – o do Rio de Janeiro com sua paisagem de que Monet, quando aqui chegou, na segunda metade do século XIX, dizia, com justiça, ser a "mais bela possível", ou o de São Paulo, com a sua pujança feita de destruições sucessivas de si própria e, portanto, de sua cultura? Aos compêndios de turismo oficial, impõe-se que seja, naturalmente, o do Rio. Salva-se a sociedade brasileira de ser crítica para denunciar o que ela forçosamente reconheceria. No entanto, todos os que se debruçam sobre o Brasil sabem que o país não é o Rio de Janeiro, mas, infelizmente (dizemos nós, paulistanos), São Paulo. E, com todas as limitações possíveis que o caso especial nos remete, dentro de São Paulo, sem dúvida, a Vila Madalena.

Certamente, não há como exagerar os termos dessa comparação. A Vila Madalena não é efetivamente a periferia de São Paulo. Mais do que a Vila Madalena, a sociedade brasileira teria que se medir pelo que são hoje os locais em que mais existem brasileiros que vivem em São Paulo. Muito mais do que a Vila, o Brasil é, indiscutivelmente, o Jardim Ângela ou o Capão Redondo, talvez o local mais violento da América do Sul; e isso sem se falar não na violência em si, mas no panorama humano que compõe as várias favelas de São Paulo, e que também está presente na Vila.

Nada de comparações, portanto. Enquanto em Capão Redondo a morte do vizinho é um caso corriqueiro, na Vila Madalena, por terem a quem roubar, os paulistanos que, à falta do que fazer, tentam sobreviver de qualquer maneira engordam as estatísticas da violência, assaltando. Se no primeiro quadrimestre de 2002 os homicídios em Capão Redondo ascendiam a mais de quatro centenas, na Vila Madalena os assaltos chegavam a mais de três centenas — mais precisamente a 366 só no quadrimestre mencionado. Na Vila Madalena de outros tempos — digamos de vinte anos atrás —, por não haverem tantos carros e por não serem tantos os desempregados, era inimaginável se pensar que só em quatro meses acontecessem nada menos que 269 roubos de veículos à mão armada, como os que foram registrados pela Delegacia de Pinheiros nos primeiros quatro meses do mesmo ano da graça de 2002.

Essa talvez seja a constatação que mesmo os mais lúcidos brasileiros teimam em não fazer: as guerras que os pobres movem entre si — que tem como conseqüência os inúmeros homicídios impunes (inclusive entre o pessoal humilde da Vila) — são de outra ordem que a que os ricos ou remediados ou não muito pobres sofrem por parte dos realmente pobres, ou dos remediados que têm a certeza — fustigados pela desesperança — de que, mais cedo ou mais tarde, se tornarão pobres. E que assim, dessa forma, se tornam bandidos. A questão, em suma, por mais corriqueira que pareça, resume-se a uma constatação: sem uma solução para o crescimento da pobreza, o que muitos julgam ser uma predisposição inata dos brasileiros para a criminalidade continuará aumentando, e não apenas como predisposição.

No mais, porém, a deterioração da cidade em si já é o sintoma desse empobrecimento geral, do qual evidentemente a Vila Madalena não escapou.

Aqui, porém, um paradoxo: a Vila no seu renascer, surpreendentemente, foi, também, em boa parte, seus cortiços. Se por cortiços se entendem esses amontoados de gente — as repúblicas dos estudantes que chegaram na Vila para morar nos fundos dos quintais, nas edículas das casas dos seus moradores mais antigos —, isso a Vila os teve, sem dúvida.

Era, aliás, o que assustava nos barbudos: eles se amontoavam nas casas, mais precisamente nos fundos de quintais.

A diferença é que não o faziam na deterioração involuntária das famílias de baixa renda. Bem ou mal, ainda que não possuíssem o suficiente para viver em apartamentos, eles contavam com o dinheiro que lhes chegava dos pais, ou dos bicos feitos aqui e ali e que podiam não ser muito, mas eram o suficiente para o cumprimento do que foi o fundamental na manutenção do acordo com os locadores e os donos de algumas quitandas e botecos: o cumprimento dos compromissos assumidos com o armazém ou com a edícula. Uma das características proclamadas por antigos moradores é que ninguém nas repúblicas deixava de lhes pagar o devido. A própria idéia do calote não podia ser tolerada por nada no mundo. Para muitos jovens realmente pobres que acabavam tendo onde morar por força da amizade que faziam com os estudantes e intelectuais, a Vila Madalena foi uma salvaguarda, durante anos também para os proprietários das edículas de seus fundos de quintal.

Não eram poucos os moradores que construíam pequenas vivendas no que antes era a horta, o local para o chiqueiro ou para o galinheiro. Havia sempre a suposição de que os filhos necessitassem delas para eventuais dificuldades em começo de vida. "Quem casa quer casa", dizia um antigo ditado, certamente trazido pelos portugueses quando Dom João VI aportou no Rio de Janeiro com os milhares de nobres, fugidos de Napoleão. Sem querer, mas fiéis ao adágio, foi o que se impôs aos antigos proprietários, e que facilitou aos barbudos se estabelecerem na Vila. As casas que os filhos dos antigos moradores queriam, eles as conquistaram fora da Vila, ou pelo menos além dos quintais que tinha uma edícula a sua disposição. Isso também incentivou em muito a solidariedade que os estudantes têm exatamente por serem estudantes e que, no caso da Vila, foi um procedimento mais ou menos universal, encontradiço em outras partes do mundo. Existem inúmeros exemplos extraídos da própria história recente da Vila.

Piriri, personagem lendário dos tempos da Vila renascida, até o momento em que foi conduzido ao Hospital das Clínicas para morrer de aids, durante muito tempo teve casa e comida mais ou menos de graça pelo que lhe deram os amigos então não comprometidos com famílias. E que, por não terem maiores obrigações domésticas, nunca titubearam em acolher os que hoje seriam considerados quase marginais, mas que se mostraram fiéis a seus anfitriões até onde isso pudesse ser considerado como tal. Piriri teve a sua vida complicada não só por ser pobre e por não contar com mesada alguma, ou por não ter um trabalho regular. Em determinados momentos, viu-se envolvido com a polícia, por atender a seus eventuais amigos em emergências que tanto podiam ser meramente casuais – como a de obter a maconha com o traficante conhecido – quanto por se envolver em causas que definitivamente não eram as dele. Quando um de seus amigos, um intelectual, lhe pediu que arranjasse gasolina para que ele pudesse resolver uma pendenga com um desafeto, ele não hesitou um só momento em arranjar o que o outro buscava. Dias depois, o resultado de sua diligente atenção ao amigo que o abrigava em sua casa redundou no incêndio de um carro. O amigo que lhe pedira a gasolina estava extremamente incomodado com um sujeito que todos os dias, surdo aos rogos do ocupante da casa que abrigava Piriri, teimava em deixar seu carro estacionado em frente a sua garagem. Como resolver o problema senão incendiando o carro – com auxílio involuntário do Piriri? Evidentemente, o assunto acabou na polícia e o autor do incêndio, que não fora Piriri, teve de responder ao processo regular. Ele tinha como se livrar da lei (no Brasil, os ricos ou remediados sempre têm como se livrar da lei). Mas o pobre do Piriri – um crioulo franzino, homossexual – nunca contou com a mesma sorte. Em suma, não foi preso daquela vez, mas foi preso muitas outras vezes. E sempre por não ser propriamente o que os outros da Vila eram, por terem nascido em berço mais ou menos esplêndido. E não nos cortiços de todos os tempos. Como o Piriri.

Se existia uma *jeunesse dorée* na Vila, isso talvez seja tema, um dia, para alguma tese. A expressão *jeunesse dorée* (juventude dourada), usada para definir os filhos dos burgueses durante a Revolução Francesa, talvez não se aplique à esmagadora maioria dos que se instalaram em repúblicas nas casas que sobravam dos antigos moradores da Vila Madalena. Mas enquanto os jornalistas, os escritores de ocasião — que se contavam, claro, entre os jornalistas —, assim como os poetas, ou mesmo os cineastas, os artistas plásticos, os bailarinos, os arquitetos tinham algo com o que se sustentar, garantindo aos donos dos imóveis uma remuneração que, a rigor, salvo exceções, nunca lhes faltava, os que se encostavam, prestando pequenos favores aos jovens genericamente chamados de cabeludos, esses, como Piriri, nunca tiveram a mesma sorte.

Nicanor, o Nica, foi um dos que, não sendo escritor, jornalista ou poeta, ainda tentou — e conseguiu — alguma coisa. Nica pertencia ao grupo do Eduzão, do Javan — considerado ainda hoje o prefeito da Vila e não por qualquer eleição, mas por sua convivência mais que pacífica com todas as correntes da Vila —, do Pena, do Pedrão, do Cuja, do argentino Hugo — do pessoal mais atuante ou mais visível. Mulato, razoavelmente bem apessoado, não lhe faltava encanto para obter aqui e ali os favores de algumas das moças que também eram da turma, ou que eventualmente a freqüentava, nos bons tempos em que os fins de semana da Vila eram uma festa só. Foi numa dessas ocasiões, enfim, que conquistou o que talvez tenha sido o maior de seus objetos de desejo: uma moça espanhola a que, não contente de namorar o Nica, o convidou a ir para a Espanha.

Nunca na Vila se soube ao certo o que houve com o Nica em seus dias espanhóis. Ao fim de certo tempo, como era previsto, ele voltou para a Vila. Claramente não disse nada sobre o que lhe ocorreu. Não discorreu sobre o Escorial, não falou sobre o Prado, não leu Unamuno — mas se tornou legendário. Depois dos poucos meses em que ficou na Espanha, de onde saiu, graças à embaixada brasileira, com o espólio de um casaco elegante e uma garrafa de vinho espanhol que ele carregava para todo lado — a fim de deixar bem claro que vivera na

Espanha —, pedia aos amigos que falassem "devagar": já que, agora, não entendia muito bem o português.

"Habla devagar, por favor" (o sotaque do "por favor" era inequivocadamente espanhol).

Com o tempo, e depois de muita xingação por parte do pessoal da Vila, esqueceu a história de seu súbito esquecimento do português em favor do espanhol, e principalmente o sotaque de seus meses em Madri. E ainda tentou voltar ao que, para ele e para o Piriri, era o direito às cervejas de graça ou até a um canto com uma cama. Mas os tempos tinham realmente mudado. Já os preços dos aluguéis na Vila tinham se tornado muito pesados, e a maior parte dos que antes eram estudantes havia já se profissionalizado, o que equivale a considerar que se tinham casado, precisavam da exclusividade de uma casa para abrigar a mulher e os filhos. A festa acabara. Da última vez que se ouviu falar do Nica, soube-se que vivia, agora sim, numa periferia real da cidade. Tornara-se vendedor, mas sem muito sucesso. E, ao contrário do Piriri, que teve o auxílio do Pena em seu enterro, morreu em completo esquecimento, de câncer.

Com o que a Vila renascida acabou?

No sentido que tinha em seus primórdios, se não acabou, mudou bastante, e no sentido em que as coisas se acabam, não só física, mas espiritualmente. A idade de seus pioneiros, como foi com os antigos moradores, impedem-nos hoje de fazerem festas como antes. Recentemente, conversando com alguns amigos dos tempos da "tal de Vila", o Javan (que é fotógrafo e que tem uma liderança feita de bom senso e bonomia) convidou-os a que freqüentassem determinado bar. Segundo ele, o bar detinha as antigas qualidades, às quais ele acrescentou uma palavra resolutamente desanimadora: "Vamos até lá que tem moças da nossa idade". Não foi necessário que se flagrassem os termos da sua contradição: a serem dos tempos dos *hippies*, as moças não existiriam: seriam senhoras, algumas até avós; fossem, pelo contrário, moças na acepção do termo, não seriam dos tais tempos ou da idade dos que os viveram.

Foi o que se deu com outro dos antigos tempos da Vila, que depois de uma longa ausência, ao contar para um amigo que iria ver as "gatinhas" de antanho, teve de admitir serem muitas delas vovós novas e belas, mas nem por isso menos vovós.

Certo: o fato não tem nada a ver com a beleza ou a feiúra da Vila. Como no famoso poema de Ronsard, que ao cortejar uma jovem aconselha-a a amá-lo "enquanto sois bonitas", o tempo que foi implacável com a Vila, não deixou de sê-lo com seus antigos criadores. A Vila Madalena como criação coletiva certamente é ainda hoje uma construção. As cidades são construções, por isso mesmo, no entanto, ao contrário dos homens (e das mulheres) que as fazem, duram o tempo que a indústria de construção civil não calcula, ou se recusa a calcular.

Talvez a questão se resumisse a um projeto — coisa que a Vila nunca teve, exatamente por ser a Vila Madalena. Por não ter sido um projeto e por ter se feito ao sabor dos desejos dos homens e das mulheres que a construíram na alegria da sua juventude com o idealismo de quem queria o Brasil mais democrático e tolerante, sua beleza não se manteve senão em sonho. A praça da rua Jericó, que o artista plástico Rubens Matuck conseguiu manter mais ou menos incólume por ter tido a esperteza de cultivá-la, na calada da noite, com pau-brasil — o que impediu que as autoridades constituídas a dessem para um construtor qualquer, já que a legislação proíbe o corte desta planta —, é um projeto que certamente durará enquanto não se revogarem as leis de proteção ambiental. No mais, porém, *la nave va*: o pouco que resta da Vila de vinte e poucos anos atrás, como se admite, não a tornou mais feia porque antes ela era bonita. Mas a fez mais crua, menos afável ou, se quiserem, menos preocupada com a tolerância — já que hoje são intolerantes os que a solapam com botecos barulhentos que teimam em infernizar a vida dos velhinhos, os remanescentes — esses sim — da parte mais antiga da Vila.

Há um deles que há anos a fio vem gritando seu protesto em cartazes expostos na frente de sua casa, em que pede às autoridades apenas e tão-somente "licença para dormir". Ele certamente não ignora que as leis municipais deveriam protegê-lo, a ele e a outros cidadãos, do ruído que deveria ficar legitimamente contido nas quatro paredes dos estabelecimentos que, como se sabe, se valem do que foi a reivindicação de tolerância para ser intolerantes justamente com os velhinhos – que, alguns deles, longevos, já eram velhos nos tempos em que muitos dos jovens daquela época chegavam na Vila. O engraçado do cartaz e que revela o total desespero do idoso em questão é que ele pede não apenas ao prefeito ou à regional de Pinheiros que o ajudem a dormir, que o auxiliem na sua reivindicação de poder adormecer no silêncio – que certamente os jovens que fazem barulho exigem para o entorno das suas casas em outros bairros da cidade. Não contente em dirigir-se a quem de direito, reporta-se não só ao presidente "FHC" e, num total equívoco sobre quem realmente manda, inclusive a "Lula" – que ele, em seu cartaz, elegeu como alguém mais importante do que realmente é, enquanto político sem cargo algum.

Inútil conjeturar se o senhor da Vila tenha em alta conta Luis Inácio Lula da Silva, ou, como fazem os anti-semitas, que julgam os judeus por tudo o que acontece no mundo, se ele ajuíza que Lula também esteja por detrás das mazelas dessa terra pela simples razão de ter se tornado importante, depois de ter sido operário. No Brasil confundem-se certas coisas para que as coisas permaneçam exatamente como sempre foram, e para pior.

Ou seja, no fundo, quem sabe, a afabilidade que presidia a Vila fosse, sob muitos aspectos, aquela que Sérgio Buarque de Holanda surpreendeu nos brasileiros, e que, como os próprios brasileiros, seja o que de menos se possa dizer tanto sobre o que realmente somos quanto sobre o que, em realidade, a Vila é.

Que houve uma Vila Madalena exemplarmente diferente do que São Paulo jamais reivindicou para si mesma enquanto cidade, isso é mais ou menos público e assente. Tratava-se, porém, da reivindicação de uma *intelligentsia* – chame-se a isso o grupo, ou antes, os grupos que se uniram aos Piriris e aos Nicas numa democracia possível. E que, sejamos justos, os jovens ainda praticam, mesmo nos bares ensurdecedores. Seja, em suma, como for – se hoje os jovens se misturam numa miscelânea belíssima de nisseis abraçadas com crioulos, de mulatos com louríssimas, e de todo o resto que o mundo não imagina, ou não pratica – que é o que ainda resta como apanágio da civilização brasileira, de ter na miscigenação seu grande trunfo –, isso a Vila conserva. E de uma forma que pode ser paradigmática também aqui.

Certamente não existe nenhum lugar no mundo em que tantas raças se misturem tanto e justamente numa cidade em que quase todos os descendentes dos povos do mundo coexistem, praticamente sem restrições. Mas sem nada também que se acrescente a isso, o direito de se viver bem.

Na Vila, como no Brasil, quem vive bem é quem pode ter com o que viver. Não era tão agudo assim há vinte anos. Mas aí já não é a história da Vila, é a história do Brasil.